a la viajera por Barcelona,

muchas gracias por compra
ste libro.

Lilian Neuman
Levantar ciudades

Lilian Neuman

Levantar ciudades

Finalista Premio Nadal 1999

Ediciones Destino
Colección
Áncora y Delfín
Volumen 846

Enric Granados, 84. 08008 Barcelona
Primera edición: febrero 1999
ISBN: 84-233-3100-8
Depósito legal: B. 4.176-1999
Impreso por Romanyà Valls, S. A.
Verdaguer, 1. Capellades (Barcelona)

a mi madre

Para los fieles, los pacientes, los herméticamente puros, todas las cosas importantes de este mundo –no la vida y la muerte, quizás, que sólo son palabras– sino las cosas importantes, llegan a realizarse hermosamente.

J.D. SALINGER

Un lugar tan pequeño que no existe en ningún plano. Una casa vieja y en una habitación, la que daba a la calle, un mostrador que la atravesaba a lo largo y ni siquiera en la entrada un cartel.

Tal vez se llamase tiendita, o mercería; era un negocio familiar en donde podían comprarse sobres y lápices, cuadernos de marcas que ya no existían, medias «can can», sombras de párpados y perfumes baratos, juguetes de plástico, hebillas nacaradas, aspirinas, historietas viejas, libros de Lafuente Estefanía y Blasco Ibáñez, collares de perlas falsas; un inventario infinito, un revoltijo en el que aquella mujer de pelo blanco, ajada e insegura dentro de sus vestidos descoloridos, ni bien me veía entrar se ponía de pie y sabía lo que tenía que hacer: Con lentitud pero con decisión se inclinaba hasta el último estante del mueble de madera y reaparecía, y ponía sobre ese mismo mueble una caja rectangular, esa caja sin fondo, ese sueño de todo ilusionista: la caja perfecta que dará siempre de sí.

Allí dentro, aquellos pequeños paquetes blancos se amontonaban sin orden alguno. Eran una serie infinita de sacapuntas de bronce; ninguno era igual a otro –principal aspiración de todo coleccionista–, ninguno se repetía ni estaba en ningún otro negocio que en ése ni en ninguna otra caja que ésa. Eran pequeñas joyas, diminutas y pesadas, uno un fonógrafo, otro una rueca, un trombón, una trompeta, un piano de cola, una máquina de coser; eran réplicas en miniatura, exactas, que yo desenvolvía y examinaba una por una mientras la anciana esperaba paciente, mirándome en silencio.

Y así, luego de meditarlo unos últimos instantes, me quedaba con uno, sólo uno, tenía que ser un solo sacapuntas cada vez, para que hubiese una próxima vez, y otra próxima vez, para que siempre existiese esa escena ritual, ese único momento en que salía de mi casa y llegaba allí.

Una vez que yo había elegido, la mujer sabía lo que tenía que hacer. Primero terminaba de envolverlo en ese mismo papel blanco, luego hacía dos envoltorios más en papel madera y al fin una atadura de hilo grueso. Y allí venía el momento en que ella murmuraba, en su castellano con acento yddish, dónde habrá una caja. Yo intentaba una frase educada, que no se preocupara por eso, que de la caja me ocupaba yo, pero ella una vez más buscaba entre tanto revoltijo y al fin volvía con una pequeña caja de cartón cualquiera, en esa caja ponía mi paquete, yo le pagaba y salía de allí.

Entonces empezaba a caminar con paso rápido, impaciente, de pronto no recordaba que un momento antes mientras elegía un sacapuntas me había sentido débil y, en cambio, tenía un objetivo en esta vida, tenía que llegar rápidamente al correo, no tenía que distraerme con nada en el trayecto, no tenía que encontrarme con nadie porque el correo cerraría sin mí. Y una vez allí, despachaba por fin esa caja. La despachaba a nombre de mi padre.

Una encomienda a nombre de mi padre y a la ciudad de mi padre, sin duda para él una ciudad muy parecida, por pequeña y anónima, perdida en el último rincón de un negocio oscuro, a la ciudad en donde vivía yo.

¿En qué ciudad vivía yo? Y en qué otra ciudad estaría mi padre en aquel tiempo, su último tiempo antes de morir.

I

Mi padre fue un judío renegado, o un ateo, o un rebelde. Lo cierto es que siempre le había encantado, sentado en el último banco, como un alumno malo, portarse mal en las bodas de la sinagoga, mirar con sorna al rabino del barrio, meterse con «la rama andaluza chupacirio de la familia» y darle vuelta la cara a los Cohen «judíos ortodoxos y obtusos» de enfrente de casa.

Pero mi padre leía a escondidas el Antiguo Testamento, una tarde en que me encontró un libro de misa que me habían regalado en una fiesta de primera comunión me miró confundido y al fin –como esto pueda entenderse, como esto pueda entenderlo yo–, se sentía judío.

Mi padre fue un hombre y, por tanto, fue tantas cosas que no me atrevo a enumerar, porque un hombre –ahora lo sé– contiene tantos hombres como vidas tiene un gato y tanto más. En principio, mi padre fue un coleccionista.

Durante años me pasé tardes enteras examinando una por una su colección de cajas y muñecas musicales. Las muñecas eran las más difíciles de maniobrar porque no había que despeinarlas ni descuidar los accesorios del atuendo. La bailarina flamenca llevaba un par de castañuelas de madera –sevillanas legítimas, aclaraba mi padre–, unas miniaturas que estaban sabiamente encajadas entre las manos. La joven con mantón de Manila sostenía un abanico de encaje y piedras, la bailarina clásica llevaba un tutú que al fin acabó manchado de café con leche. Me gustaba ponerlas a todas en funcionamiento, a la vez, todas girando al son de una música extraña y dislocada.

Pero sobre todo lo que me importaba era desarmar. Me importaba entender el funcionamiento. Era el acto ritual –como ritual era la acción de la anciana de la tienda cuando aparecía con una caja llena de sacapuntas–, ese acto lento, siempre el mismo, el de levantar con cuidado una tapa de terciopelo, esa operación que se daba inequívoca en las cajas que realmente tenían forma de caja: un pequeño joyero, una cigarrera en forma de dado, una caja clásica dorada y de marfil. Y una vez abiertas, lentamente, como destripadas frente a mis ojos, les daba cuerda a todas a la vez para que sonase la música disonante y finalmente triste, como la de todas las muñecas girando solitarias, porque lo mejor no sucedía al fin sino poco antes, cada vez que abría una nueva caja, cada vez que expectante, solemne, levantaba la tapa, levantaba luego el compartimento rojo, despacio, con un dedo, y otra vez la desilusión.

Buscaba una caja en especial, una caja que tuviera, por debajo de ese compartimento, un mecanismo distinto al del rodillo. Todas las cajas que abría tenían ese mismo rodillo dorado, pequeñito y eficaz, que giraba obsecuente y aburrido para repetir la melodía una y otra vez, y todas las veces que se le pidieran. En cambio el mecanismo que yo buscaba era similar al de un xilofón, con dos palillos acabados en dos perlas que repiqueteaban en un teclado circular –teclas redondas formando un óvalo, o un círculo–, ése, ese mecanismo buscaba y sin duda era mucho más difícil de conseguir. También, el día que pudiera verlo, sería mucho más difícil de atrapar en su funcionamiento. Así como podía meter el dedo en el rodillo y la música se volvía grave y lenta, ridícula, no sería en cambio tan difícil interrumpir, fastidiar, atrapar en el aire los palillos del xilofón. Un mecanismo astuto, hábil e impredecible, un par de palillos golpeando veloces para dar una música distinta y feliz.

Jamás encontré una caja como ésa, jamás di con ese tesoro único que podía aparecer al abrir la próxima caja, cada caja nueva que mi padre dejaba sobre la mesa del comedor «de lujo» indirectamente para mí.

Más tarde mi padre me inició como coleccionista de lápices gigantes, coches, barcos, tractores en miniatura, tacitas de porcelana, bibelots y biscuits, tapas de gaseosas, hebillas de cinturones, objetos, objetos que se pierden en el tiempo, que viajan en tren o en avión, que van a manos de otros, que son rescatados de cajas olvidadas, recuperados, perdidos otra vez y que ahora intento enumerar, como si así recuperara la vida de mi padre.

En cambio, el día después de su muerte, sin premeditarlo pero con una decisión que parecía haberse adelantado a mí, entré en su casa que hacía tiempo ya no era mía como un detective o un ladrón, aunque sin saber qué iría a buscar, qué intentaba descubrir. Y salí de allí por última vez con un botín desordenado e incompleto de cajas viejas y sacapuntas antiguos.

Quien no haya estado en Rosario no ha perdido gran cosa. Eso suele decirse de esa ciudad que supe ver tan chata y cuadriculada. Pero así como todos los hombres son muchos hombres también las ciudades son muchas ciudades. La mía era una ciudad de muertos y ángeles sobrevolando, una ciudad de vértigo, una ciudad mundana, cosmopolita, una ciudad desierta y a lo lejos una habitación cuadrada (y allí dentro un hombre derrumbado, igual a mi padre, que lloraba), una ciudad de pendientes asesinas que precipitaban al río de todas las posibilidades, una ciudad violenta y una ciudad de cuentos. Y una ciudad de caucho, negra y polvorienta, de olor penetrante. Ésa fue una de las ciudades que conocí gracias a mi padre.

Era una ciudad que comenzaba a ras del suelo y se iba elevando hasta erigirse en torres descomunales. Oscura y atravesada por calles y callejones que daban a otras calles, siempre andando en redondo, siempre perdiéndome en un laberinto de nuevas calles que daban a otras torres y a otras calles. Estaba sola en esa ciudad, tropezaba en curvas polvorientas, trepaba por torres hasta tocar las más altas.

Pero a lo lejos, retumbando en los techos, estaba el vozarrón potente de mi padre del otro lado, en su escritorio, o andando de un lado a otro, o hablando con alguien. Cada tanto me asomaba por alguna de esas torres de mi ciudad de caucho y espiaba a mi padre. La cabezota entrecana que aparecía por encima del mostrador, de espaldas, la nuca corta, las orejas salidas como dos pantallas, el auricular del teléfono en una de sus orejas. Ese hombre que hablaba y discutía –y a veces insultaba– era el dueño de la ciudad y de lejos, aunque ahora estaba diciendo «y no se olvide de las de tractores», me controlaba.

No era, como alguna vez alguien se había equivocado a la salida de la escuela, el «ahí está tu abuelito», no no. Aunque eso sí, entre todos los padres que esperaban en la plaza de la escuela mi padre destacaba. Todos los otros padres llevaban mocasines, pantalones vaqueros, el pelo era negro y moderno, las camisas a cuadros y hasta algunos llevaban carteras colgando. Mi padre en cambio era la imagen del compadrito canoso, el galán de películas argentinas de la época de oro. Los zapatos puntiagudos, negros y brillantes, abotinados, el cigarrillo entre el pulgar y el índice, el botón de oro de Firestone en el ojal de la solapa. Y aunque yo tuviese seis años esa estampa de hombre que me esperaba con una sonrisa de costado, y ese hombre que yo espiaba desde la ciudad de neumáticos no era mi abuelo sino mi padre, que giraba su cabezota y dejaba ver la nariz gruesa y rugosa y gritaba «¡Sánchez!», y el Sánchez retumbaba en mi ciudad. Sánchez –que no era sordomudo pero lo parecía, tal vez porque fue su única manera de aguantar durante treinta años el vozarrón de mi padre gritando Sánchez– aparecía por la entrada del taller andando lento, parsimonioso, mientras se limpiaba las manos y mi padre preguntaba ¿dónde está la chiquita? Sánchez no contestaba, en cambio hacía una seña, también de compadrito callado, señalando la ciudad en donde yo estaba.

Entonces venía el momento esperado. Como si yo ahora estuviese exactamente del otro lado, como si ya no fuese yo la que expectante abría la caja de música en busca del mecanismo sino que, al contrario, yo era un mecanismo dentro de una caja perdida dentro de esa ciudad de cajas en nuestro comedor «de lujo», oculta dentro de una torre oscura, en una ciudad de torres cilíndricas, con un aro de luz como cielo. Y dentro de ese aro no aparecería mi nariz metiéndose dentro de un compartimento, sino la narizota y las orejas, y los anteojos verdes bifocales. Antes de eso, oiría los pasos y el «que la tiró de las patas; ésta es muy brava». Y tal vez la voz del doctor Glinstein, amigo, doctor y cliente de mi padre, diciendo «sabandija», y al fin una mano gruesa y fuerte que me agarraba por el cuello de la camisa y me sacaba de allí, la mano de Sánchez que me dejaba en el suelo, frente a mi padre con el entrecejo fruncido, colorado, que iba a gritarme, sólo que las orejas se movían como en los dibujos animados, y no sabía yo del todo si eran gritos fingidos, mi padre tratándome de usted, no le da vergüenza, la camisa nueva que le compró la madre. A ver los bolsillos. Y en efecto, en uno de mis bolsillos había eso que a mi padre en teoría escandalizaba. ¡Fósforos! ¡Petardos! No, no, ésta me va a incendiar el negocio. ¿Usted no sabe que el caucho es muy inflamable? Pero a mi padre, como a ciertos jugadores de baraja, se le notaba el as en la manga. Al momento me hacía atender el teléfono como si fuese ya la primera empleada de su imperio de neumáticos. Ésta me va a manejar el negocio, ésta me va a desplumar, señalaba mi padre. Y el doctor Glinstein asentía, es toda una comerciante. Sí señor, y ahora que para el cumpleaños le compré un karting. ¿Un karting? asentía interesado el doctor Glinstein. Sí, un karting. Y un par de revólveres y un sombrero de cowboy. Y también tendría un camión y un gato para levantar coches, un palco de honor en la tribuna de la cancha de Rosario Central, una camiseta de mi equipo, un juego de ruleta para hacer trampas. Atienda, atienda, decía mi padre cuando sonaba el teléfono o entraba alguien. En tanto conversaba con el doctor Glinstein –mejor bajar la dosis de la noche; Glinstein cuándo carajo fue la última vez que cambiaste los neumáticos–, y al fin, a las siete de la tarde, Sánchez me alzaba para que llegara a lavarme las manos, después se iba sin decir hasta mañana (y si la hora de cierre lo había pescado cambiando un neumático en la calle, ni se molestaba en entrar el neumático viejo), mi padre apagaba las luces y la radio (entraba el neumático viejo que le había dejado Sánchez afuera) y me sentaba en el coche plateado: una avioneta, un Fairlaine 500 atravesado por una raya roja y brillante, que hoy sobrevive en el diseño de ciertos encendedores de esos años. Antes de llegar a casa me miraba la camisa, las rodillas negras, y dejaba salir aire por la nariz. Daba dos bocinazos –dos acordes de trompeta que oía todo el barrio–, y al momento estaba mi madre empujando la puerta del garaje.

Entonces sucedía lo irremediable. Porque, o bien mi padre tenía una desafortunada tendencia a comprar coches muy grandes, o bien el arquitecto que contrató mi padre no tuvo en cuenta que, ya que construía un garaje, mejor que no fuera uno para poco más que un Fiat 600. Sistemáticamente, con treguas y contraataques, el Fairlaine entraba al garaje con un abollón más, o la pared con una canilla menos, la consiguiente pérdida de agua a chorros, la inmediata venida de Sánchez que, al fin, terminó haciendo un boquete en la pared y poniendo el pico de salida apuntando hacia el techo, lo que dio para siempre ese efecto cascada, difícil para embocar e infalible para ducharse de arriba abajo cuando sólo se quería pasar el trapo. Mi padre también fue un coleccionista de pedazos de coche, que recogía resignado y dejaba en un rincón o en el mismo mueble en donde ponía las llaves, la billetera y los documentos, el paquete de Benson & Hedges y, algunos días, la nueva caja de música, la nueva muñeca, el nuevo coche de colección, la nueva radio con forma de neumático, el nuevo lápiz con cabeza de monstruo, la grúa en miniatura, el tamborcenicero, la cajita china cigarrera.

Una tarde mi padre entró el Fairlaine y machacó una fuente de ensalada rusa para quince personas. Era la tarde del veinticuatro de diciembre, me faltaban dos meses para cumplir siete años y coleccionaba petardos de distintos tamaños, fósforos cohetes, cañitas, triángulos y rompeportones que cambiaba por tapas de gaseosas. Solía desarmarlos, sentada en el escalón de entrada o apoyada en la verja del jardín. Un petardo rojo y un petardo verde, les vaciaba la pólvora en el suelo, entre dos baldosas de la vereda, y a continuación les acercaba un papel encendido o un pedazo de espiral matamosquitos. Se producía una explosión sorda y negra, como las que había visto en el magnesio de las cámaras de fotos antiguas.

Aquella tarde, además de vaciar algunos petardos en el jardín, tuve la idea de encajar dos en la canilla empotrada del garaje, encenderlos y taparme los oídos. Era una tarde ajetreada, desde mi punto de vista alegre, aunque mi madre solía repetir que las fiestas la enfermaban, que las fiestas siempre traían desgracias.

La desgracia, aquella tarde, fue tomando forma

cuando la señora empleada Elda, que transportaba la fuente de ensalada rusa recién terminada, tuvo la idea de hacer un alto en el garaje simplemente para ver qué era lo que estaba haciendo. Elda tenía una varice reventada en la pierna (o un forúnculo azul y negro, o una pústula, aquello tuvo diversos nombres a lo largo de los años) que cada tanto sangraba y había que hacerle un torniquete. Entonces dejaba las tareas del hogar para sentarse en una silla a mirar televisión, pierna en alto. En esas ocasiones todos atendíamos a Elda, le traíamos el café con leche, le limpiábamos la mesa y luego ella dejaba que le hiciera los ruleros. Eso tuvimos que terminar haciendo aquel día en que justamente había tanto trabajo, y entre el sopapo en la nuca que me dio mi madre y la hemorragia súbita y de origen nervioso que le dio a Elda, y las veces que tuve que decir perdone Elda, no quería asustarla, a la vez que le cepillaba el pelo, nadie se acordó de recoger del suelo la fuente destrozada con ensalada rusa para quince personas, ni nadie se acordó de abrirle el portón de entrada a mi padre. Recuerdo el sonido entre *crunch* y *crack* del Farlaine aplastando la porcelana inglesa, regalo del gerente general de Firestone para el casamiento de mis padres, el olor a pólvora y algo así como vinagreta, y recuerdo también la cara algo intrigada de mi padre cuando entró en casa, mirando el poco suelo que se veía del garaje y con un pedazo de guardabarros en una mano. Cohen, dijo tirándolo en el rincón con otros pedazos de coche, dos canillas viejas, un disfraz de Batman y una lámpara de pie que daba corriente, que mete el coche en mi lugar y no me deja maniobrar.

Yo, dijo mi madre como toda respuesta, no puedo más, y esta criatura, y la pobre Elda, no, no querida no te levantes, y mi hermana que está con la presión alta, y Dios mío. Entonces mi madre entrecerró los ojos, como en las noches de tormenta cuando se lamentaba por los niños pobres que no tenían techo, y empezó a sollozar: Llamaron a casa de mi hermana, del psiquiátrico. En este punto mi madre hizo una pausa y luego aclaró, por Abelito. Es decir, no era por el primo Julio de Alberdi, que también había estado internado en el psiquiátrico, y ahora se pasaba el día encerrado en casa vestido de negro, corbata negra y la nariz empolvada de blanco –y nadie debía decirle Julio ni papá, porque entonces empezaba a repartir latigazos hasta que se le llamaba por el que él consideraba su verdadero nombre, Lucifer–, ni por la tía abuela Anita que había querido tirarse por una ventana. Era Abelito, «un chico que no le hacía daño a nadie».

Y luego de una pausa, en donde la señora Elda, con un rulero en la coronilla, también entrecerró los ojos, mi madre agregó: Abelito....se cortó. Y alzando las cejas repitió: se cortó. El pobrecito. Se cortó.

Se cortó. Sin duda el se cortó sólo daba a imaginarse la pierna hemorrágica de la señora Elda, o cuando alguna vez me había clavado un tornillo de una silla de la terraza. Pero el se cortó de mi madre dicho en mi presencia era más bien de carácter críptico, como el tiene... eso de mi tía Antonia, o tiene la cosa mala, cuando alguien se estaba muriendo de cáncer. Sólo que se cortó era algo más grave, definitivo. El marido de la panadera ayudaba a su mujer todas las mañanas, hasta que un día la señora Elda entró con la mala noticia y mi madre, antes de que Elda terminara de hablar la interrumpió con «se cortó», mirándome de reojo, y lo cierto es que el marido ya no volvió a ayudar a su esposa por las mañanas, dejó de estar allí. De modo que mi padre había hecho muy mal en entrar el coche, porque ahora tenía que sacarlo otra vez y salir derecho para el psiquiátrico de Abelito, para ver qué teníamos que hacer nosotros, porque seguro que se tenía que hacer algo, trámites, encargarse «del asunto».

El primo Abelito, por parte de la familia de mi madre, tenía dieciocho años y vivía desde hacía mucho tiempo en aquella clínica apartada, de jardín enorme. Medía casi un metro ochenta, llevaba unos jerseys gruesos que le daban aire de marinero en tierra, y si lo miraba se tapaba la cara a la vez que se ponía rojo de contento, o de asustado. Es una nena, le decía el tutor, nena, tu prima, ¿le dijiste hola a tu prima? Y al poco rato nos íbamos porque su tutor decía que las visitas lo ponían demasiado nervioso y después no podía dormir. Alguna vez había estado allí la madre de Abelito, una mujer canosa, cuñada de mi tía, que me había acariciado el mentón con la mano helada y me había dicho, suavemente, gracias.

Abelito era una persona de rutinas muy estables, sobre todo la que tenía lugar mañana y tarde en el jardín. Allí, nos mostraba su tutor cuando nos acompañaba, dándonos un ejemplo de tenacidad, de trabajo constante y silencioso, estaba el sendero en medio del descampado. Un sendero que no lo había hecho nadie con una máquina sino el mismo Abelito que, cada tarde y cada mañana, caminaba y volvía, y desandaba y andaba el mismo camino, las manos atrás, agarradas en la espalda, la cabeza baja, siempre yendo y volviendo a repetir sus mismos pasos, rumiando sus pensamientos, tal vez meditando. Cuando había tirado un frasco de galletas al suelo, o cuando había metido los dedos en la electricidad, y en otras tantas ocasiones pasadas y futuras, mi madre ya no iba a poder lamentarse: igual que Abelito, me salió igual que Abelito. Abelito se había cortado. Y por si fuera poco, ahora estaba sonando el timbre.

Visitas, fue el gemido agorero de mi madre, no abras, no corras, no estoy para nadie, por el garaje no que está el coche, por qué guardaste el coche, por el jardín. Pero lo que había en la puerta del garaje, la que en verdad se usaba cada día, no eran visitas sino las tías y la prima, que estaban todos los días por casa. Entraron en caravana, estaban pálidas las cuatro y de todos modos traían los paquetes para la noche. Al fin y al cabo comer había que comer. A la tía Pepa y a la tía Antonia siempre les tocaba hacer pollo, la prima Bibi hacía el pionono y la tía Memi no podría hacer nada porque, eso se afirmaba como razón válida, estaba todo el tiempo encerrada –«absorbida», era la palabra que se usaba, tan contundente como «cortado»– en la parroquia San Cayetano. La tía Antonia y la tía Memi, más la prima, ya habían entrado en el comedor diario y estaban sentadas junto a Elda que les daba el pésame y se empeñaba, con la pierna atrapada en la silla, en levantarse para hacer café. Vinimos porque no podíamos más en casa, Dios mío, justo hoy. Pero dónde está Pepa.

La tía Pepa todavía estaba en el garaje, atrancada entre la puerta y la cola del coche. De las tías era la más gruesa, más bien con un cuerpo que se ensanchaba hacia abajo. Todas mis tías eran gorditas, pero en el caso de la tía Antonia las piernas eran delgadas, casi no la sostenían y por eso caminaba con cierto movimiento de tentempié veloz. El andar de la tía Pepa era más trabajoso, a causa de la flebitis, más lento, y a veces sudaba, como estaba sudando, apretada entre el guardabarros y la puerta de entrada. Bueno hijita, no me empujes tanto, ay el picaporte, mientras desde dentro mi madre exclamaba ay mi pobre hermana.

Al fin la tía se desatrancó, entramos al comedor y momentos después la familia en pleno tomaba café y se secaba las lágrimas. Mi padre miraba de pie, pero no hacia la mesa sino el televisor apagado. Cada tanto alguna de las tías o la prima largaba un sollozo, la tía Antonia estaba colorada de ese modo tan especial, ese ponerse blanca con la cara y la papada cubiertas de puntitos colorados, a la vez que se abanicaba con la pantalla de Rulemanes

Modestini. La tía Memi estaba muy derecha en la silla y repetía: eso, lo que les digo. ¿Pero te dijeron cómo fue? La tía Memi meneaba la cabeza, con la mirada ausente, o en un punto distante que a mí se me antojaba que era eso la parroquia San Cayetano, eso que no le permitía cocinar pollo, un eso, un punto de fuga lejano pero tan fuerte como para mantenerla concentrada por completo. Se cortó, se cortó, repetía lúgubre, eso es lo que me dijo, por favor no me pidan que lo repita. Las tías asentían resignadas, pues ya se sabe que esas personas viven menos, pero esto de todos modos les partía el corazón, y entonces mi prima Bibi, en lugar de partirse el corazón, parecía querer partir a puro puñetazo de impotencia y dolor nuestra mesa de fórmica, diseño de nuestro arquitecto, la cual, si alguien se dedicaba a machacarla de ese modo se terminaba desarmando por la parte en que debía rebatirse. Es que no puedo aceptarlo, repetía a puñetazos, y todos sabíamos que cuando empezaba a los puñetazos no terminaba más. Para su fiesta de quince años le había dado una pataleta parecida, porque el peinado le había quedado esponjoso, por culpa de la humedad, y hasta se la había agarrado con el fotógrafo (déjeme, fuera, no quiero fotos, usted es un monstruo, estoy horrible y quiero pegarme un tiro). De modo que mi madre se dirigió a mi padre con el no te quedés ahí parado, las pastillas para esta chica, hijita, las pastillas para tu prima, por favor, dónde están las pastillas en esta casa.

Pregunta del todo complicada.

Las pastillas para la prima Bibi podían estar dentro del costurero, o dentro de una billetera usada, o al lado de una radio sulfatada, o metidas en un florero. Podían estar en el primer cajón del mueble empotrado, o en el último, o en el armario copero que a la vez hacía de símil tubo de chimenea del hogar de leños sintéticos que se usaba para poner revistas. En todos los armarios y cajones de nuestra casa las cosas se amontonaban como en aquella tiendita de la anciana de los sacapuntas. Un elefante de la abundancia junto a una billetera imitación seda, rota, y dentro de la billetera una factura de la tintorería, encendedores que nadie sabía si funcionaban o no, un guante de piel, un cerdito de porcelana, tarjetas postales de parientes con los que no nos tratábamos y de unas vacaciones de diez años atrás, prospectos médicos, promociones de detergente o baterías de cocina, un gotero, una Hepatalgina vacía, papeles indescifrables, la foto de bautismo de la hija del señor de la pollería, un moño que había cosido la abuela andaluza en el año cincuenta y nueve, y que no había podido terminar porque la arterioesclerosis se le volvió aguda antes de morir, un pedazo de coche de mi padre, un folleto de los mormones, un frasco de perfume vacío, una revista de la Asociación Adventista del Plata, una suscripción a un curso de dibujo por correspondencia, un tubo de ensayo con un tapón y dentro un escarabajo muerto. Y en medio de la montaña de cosas inútiles que poblaban la casa había que encontrar la billetera en donde estaba el dinero para hacer las compras, el boletín de calificaciones, el papel para ir a buscar un aparato roto o las pastillas para la prima. No era fácil, porque otra de las tantas peculiaridades del arquitecto a quien mi padre en su día dio carta blanca para que pusiera en funcionamiento todas sus novedades años sesenta, toda su imaginación, estuvo la de implementar soportes mínimos, estilizados y geométricos, para todo aquello que, precisamente, era lo más pesado de la casa. Las camas eran de palo de rosa, macizas, pero las patas eran tacos agujas de mujeres que se quebraban como nada. Para empujar la puerta corrediza del garaje hacía falta ponerse en la posición correcta, o de otro modo se podía terminar con un ataque de lumbago. Normalmente mi madre me llamaba en la calle a la hora que estaba llegando mi padre, para que con los amigos del barrio nos pusiéramos uno detrás de otro y empezáramos a empujar el portón de fierro. Así y todo a veces había problemas porque las bisagras se desencajaban y la puerta se frenaba como un tren a toda velocidad sacando chispas en las vías. Las bisagras de todas las puertas de todos los armarios de la casa, de madera maciza, eran casi invisibles, mínimas, cual mecanismos de relojería. De modo que buscar a toda velocidad las pastillas de la prima podía significar que una puerta se viniera encima y le rompiera a uno la cabeza o la clavícula. De hecho alguna tarde tuvimos que sentar a Elda a mirar televisión, no por lo de la pierna, sino con un chichón en la frente y la bolsa de hielo.

La prima seguía llorando y dando puñetazos, las pastillas aparecieron dentro de un jarrón con un ikebana a medio hacer y en el revuelo de calmar a la prima y pese al no vas, no vas a ningún lado, corrí detrás de mi padre que ya estaba sacando el Fairlaine, y al mismo tiempo sonaba el timbre de la entrada del jardín. Elda no podía levantarse de la silla y mi madre gemía, lo que me faltaba, visitas, el pollo sin cocinar y para qué, si lo único que quiero es meterme en la cama. Lo que alcancé a espiar desde el asiento trasero del coche no eran visitas, sino un hombre con un paquete grasiento. ¡El lechón! gritó mi madre, que se lo lleve a los Cohen, gruñó mi padre y entonces me volví –ya en la calle– y vi en la casa de enfrente a Cohen con sus tres hijos, entrando a un coche no menos grande que el de mi padre, pero sin ningún abollón y con todos los fierros cromados intactos.

Mirándome a través del vidrio trasero veía al menor de los tres, de mi misma edad: Sami Cohen, que jamás me saludaba, en cambio nos mirábamos siempre, desde lejos, muy serios. Él, vestido de punta en blanco, yo sentada en el suelo y desarmando un petardo. En mi último cumpleaños la abuela había traído a Sami, impecable, con camisa blanca y corbata. Me había pasado mi cumpleaños dándome vuelta, mirándolo. Todos los chicos habíamos bailado y tirado palitos salados a la alfombra, para después pisotearlos a ver quién dejaba la mancha más grande. En cambio Sami se había limitado a darme un paquete con un juego de dominó y se había quedado sentado solo en un rincón. En algún momento mi madre me dijo al oído que no dejara solo a Sami. Fui hasta él, con un plato con sandwiches de miga y los chicos empezaron a cantar «tiene novio, tiene novio». Me detuve, con los brazos extendidos sosteniendo el plato, y no supe qué hacer. Miré a mi tía Antonia que me sonreía encantada, y me hacía señas para que sí, que le ofreciera un sandwich. La tía Pepa a su lado, jugando con una matraca, también me sonreía divertida. Me acerqué a Sami mientras los demás cantaban que se besen, que se besen. Sami no levantó la vista. Agarró un sandwich y se lo metió en la boca. Pero después de masticarlo un momento hizo algo muy extraño: acercó su cara al mantel y lo escupió. Las chicas en ronda a su alrededor señalaban esa bola blanca machacada; qué asco, qué pibe repugnante, eso no se hace. Hasta que Patri Frenkel, que era su prima segunda, aclaró que era por lo del jamón. Los judíos no podemos comer jamón. Entonces Graciela Beszkin dijo que ella era judía, pero que no era para tanto, Samuel, por un pedacito de jamón. Los judíos, insistió Patri Frenkel, no podemos comer jamón y no podemos casarnos con un *goim*. Los judíos reaccionarios, acotó con voz gruesa Margarita Portapila, que en la escuela había ido a parar a la dirección por decir bien alto que ella era judía, atea y comunista. Pero Patri Frenkel no se inmutó: Ustedes dos, dijo mirándonos a Sami y a mí, nunca van a poder casarse porque tu madre es *goim*. Sami se fue de mi cumpleaños sin saludarme y allí estaba, como siempre, mirándome desde su coche, junto con su familia; los destinatarios –según mi padre– de un cerdo asado para masticar y escupir en una noche de celebración cristiana de la que no parecían tener noticias.

Mi padre, ya en la esquina, tomó velocidad a la vez que, de pie en el asiento, exactamente detrás de él, hacía lo de siempre: me agarraba de su cuello y, semioculta detrás de sus orejas de pantallas, viajaba en la espalda de Dumbo al volante. Rosario desde el coche de mi padre era una ciudad vertiginosa, que pasaba a toda velocidad por la ventanilla. El motor del Fairlaine cimbraba potente y seguro, sin rugidos ni estruendos. Serenidad espacial, aclaraba mi padre, como se afirmaba en la propaganda de televisión, y luego me mostraba, moviendo el volante con un dedo, «dirección hidráulica», contento, y el coche giraba con ese solo dedo, y aceleraba y disminuía y atrás iban quedando casas y casas, y negocios y luces.

Aquella tarde atravesamos la ciudad y llegamos a otra, esa ciudad distinta y apartada, en medio de un gran descampado. Una ciudad de casetas bajas y cuadradas, pintadas de blanco y con ventanas celestes, una ciudad misteriosa que sólo había visitado algunas veces para ver a Abelito, sin saber que alguna vez dejaría de ser un misterio para mí.

Mi padre había bajado, me había dejado encerrada con llave en el coche –usted se queda, dijo, y algo referido a la desobediencia a la madre–, y se había perdido en la ciudad de Abelito. Detrás de los árboles, detrás del más lejano, estaba el sendero de Abelito. Pero Abelito no estaba allí caminando, la cabeza baja, las manos en la espalda. En casa acababan de decir que se había cortado; dónde estaría entonces, cortado, porque la idea de cortado era distinta que decir muerte, tal vez porque muerte era un hombre que se desplomaba de un tiro en una película de cowboys, o una mujer bella y tísica, hablando a duras penas en una cama blanca, con almohadas de seda, arrepintiéndose de todos los pecados que había cometido en su vida.

Cortado era distinto de muerte, porque era interrupción de alguien que un segundo antes estaba, era, caminaba por un sendero hecho por él mismo en un jardín enorme y desolado, y que al segundo siguiente dejaba de ser y estar. Era, cortado, como decir alguien vive en una película hasta que se corta la luz y desaparece la película. Alguna vez me había metido detrás del televisor para entender por qué el cowboy o la mujer pálida y tísica estaban allí. Pero el mecanismo de luces y pequeños aparatos y cables no me contestaba, como en cambio sí contestaba, aunque al fin me aburriese, el rodillo de la caja de música. Abelito se había cortado como podía cortarse el funcionamiento de esos cables y esos pequeños aparatos. ¿Pero entonces, en el momento de cortarse, dónde estaba?

Estaba sola, sentada en el asiento de atrás. Hasta que alguien golpeó la ventanilla a mi izquierda y entonces lo vi. Nena, nena. Estaba allí, me mostraba una mano vendada de la que apenas asomaban los dedos, y se señalaba un moretón en la frente. Nena, nena, prima. Aunque hacía calor, Abelito llevaba su jersey de marinero en tierra y reía contento, diría hoy que sonreía con algo de burla, con un gesto más allá de la muerte y la interrupción.

La noche de ese veinticuatro de diciembre acabé metida dentro de una maleta cuadrada. Era una maleta roja, enorme –parecía de cartón duro–, que había encontrado en un gran armario del cuarto del fondo. En verdad nuestra casa tenía dos cuartos del fondo, divididos por un pequeño patio en donde el arquitecto había destinado la parrilla para los asados. En términos geográficos y exactamente, para llegar a esos dos cuartos del fondo de la casa, parrilla entre medio, antes debía atravesarse un gran patio de cerámicas rojas que, de repente, terminaba en un escalón alto y filoso que desembocaba en un jardín de piedras desiguales, que remedaba una playa rocosa y salvaje, coronada a la izquierda por una fuente que regaba las macetas en cascada. Terminado de atravesarse el jardín rocoso, poniendo el pie y el otro pie en la roca indicada para no fracturarse un tobillo, cuidando de no mojarse con la fuente-cascada, debían subirse tres escalones de piedra, saltar un fierro de la puerta corrediza y entrar al primer cuarto del fondo, destinado a juguetes y a lugar de estudio, el cual a su vez llevaba a un patio pequeño, en donde estaba la parrilla, y a otro cuarto de planchar.

De manera que las veces en que se habían hecho asados en casa, el asador se pasaba la noche yendo y viniendo del patio grande a la parrilla, es decir, atravesando el patio de cerámicas, bajando y subiendo el escalón filoso con la fuente en la mano y mirando de no meter el pie en alguna rendija del jardín playa rocosa, a la vez con cuidado de no mojar los chorizos con el agua de la cascada y en peligro de tropezar con el fierro de la puerta corrediza, pateando coches de colección, muñecos y bolas de plastilina del cuarto de estudio.

El marido de la tía Antonia, el tío Balbino, una noche, después de horas de andar y desandar con las morcillas, los chorizos, los chinchulines y las mollejas, encima con aquello de «el mío puede ser más cocido por favor» acabó tirado en una silla, borracho y sudado, y diciendo que se cagaba en todos nosotros. La tía Antonia a su lado, con la cara llena de puntitos colorados, repetía una y otra vez quiero morirme quiero matarme, mientras el resto de la familia intentaba consolarla y el primo Eladio, el único que parecía encantado con la situación, cada tanto daba un par de palmadas e insistía con el típico «un aplauso para el asador», un chiste que se festejaba él solo mientras su mujer cada vez le repetía Eladio no seas estúpido. No fue la única cena familiar con incidentes. Alguna otra la tía Memi había tenido un acceso de llanto contenido, que consistió en quedarse roja y rígida, con la mirada en un punto de fuga que bien podía haber sido la parroquia San Cayetano, mientras la tía Pepa y mi madre la sacudían a palmadas en la espalda para que reaccionase. Y alguna otra la esposa del primo Eladio al parecer se pasó o en tranquilizantes o en euforizantes y nos abolló una persiana del patio a puñetazos, repitiendo que Eladio era un estúpido.

Mi madre afirmaba aquello de que las fiestas traían desgracias, y cuando me vio arrastrando la maleta roja alzó las cejas y pareció a punto de desmayarse. De dónde, por favor, de dónde había sacado eso. Lo había sacado de un armario del cuarto de planchar, repleto de objetos diversos, en el cual podía meterme dentro y enterrarme hasta el cuello. Según mi madre eso era un mamotreto, según mi padre era una reliquia, porque, señaló al pasar mientras intentaba ver «Bonanza», con esa valija había andado de pensión en pensión cuando se había venido de su pueblo a Rosario, y quién sabía si su padre no la había traído de Polonia a Norteamérica y de Norteamérica a Villa Domínnguez. La discusión sobre tirarla o no no debió durar mucho tiempo, porque además del pollo, el lechón, las tías, el malentendido de Abelito (se había cortado la mano al querer saltar una verja de alambre del jardín, una cosa muy rara decía su tutor, él nunca iba más allá de su sendero), alguien había tenido la idea de hacer también unas tiras de asado, de modo que el trayecto desde el patio grande al patio del fondo, jardín rocoso mediante, estaba colapsado, además de que todo empezaba a llenarse de humo y la prima Bibi, ahora calmada de su impotencia y dolor por el primo, gritaba nerviosa a medio vestir y medio maquillada, porque esta noche venía su novio, esta noche todos íbamos a conocer a su novio. Luego, si de discusión se trataba, ésta había consistido en principio en cómo trasladar la mesa de fórmica al patio sin que se desarmase por completo, a la vez que la tía Memi repetía, cortado, yo entendí eso, cortado, cómo iba a entender otra cosa, y en tanto mi madre repetía por qué habíamos tardado tanto, por qué mi padre no había llamado de inmediato por teléfono para decir que todo había sido un malentendido o, en palabras de mi padre, cortado, ja, cortado, con la nariz en el televisor.

Eso es lo que no había parado de repetir mi padre cuando volvió a meterse en el coche en el jardín del psiquiátrico. El doctor Glinstein había salido a acompañarlo. A su lado Abelito seguía sonriendo y nos saludaba con la mano vendada en alto. Mi padre en tanto daba marcha atrás de forma algo precipitada. La ciudad empezaba a encenderse mientras mi padre me demostraba la dirección hidráulica del Fairlaine, sin fijarse que un hombre desde un camión a la izquierda le gritaba inconsciente.

Muchas veces sucedía que otros conductores le gritaban cosas, de las peores –chiflado, viejo qué hace, pedazo de pelotudo–, y él parecía no darse por enterado. Como yo iba detrás, de pie y agarrada de su cuello, o sentada, opté por la costumbre de contestarles con una mueca o les sacaba la lengua, y al fin había encontrado el recurso de sacar la mano por la ventanilla y hacer los cuernos. Mi padre no podía enterarse de que por detrás me dedicaba a ese tipo de gestos, siempre iba muy derecho al volante. No siempre conducía a toda velocidad mi padre, es más, muchas veces iba tan lento que hasta impacientaba, y en líneas generales era que iba por la ciudad realmente como se le cantaba.

En esa ciudad por la que mi padre transitaba a sus anchas, todos los carteles se leían en voz alta. «Calzados Mony», «Helados La Montevideana», «Tintorería Splendid», iba leyendo mi padre a medida que avanzábamos. Y en algún momento aminoraba y me señalaba un negocio de neumáticos a la izquierda, triste y pelado. ¿Qué es eso? Y yo tenía la respuesta de inmediato, «Cincotta», la competencia. Y más adelante de nuevo, ¿Y eso? señalando un edificio que también me parecía triste y pelado, «Fate», los *fish* de la competencia. Muy bien, y al fin un cartel luminoso en donde todas las letras funcionaban, una F de Firestone, y allí dentro la ciudad de mi padre: Nosotros gritaba saltando detrás en el coche, ésos somos nosotros.

En esa ciudad, y en aquella tarde de Nochebuena, y en tantas otras tardes, todo era posible y todo lo iba a tener. De modo que mi padre decía ¿vamos a tomar un cafecito? y cafecito significaba ir al bar de la esquina del negocio de mi padre, a donde el dueño me iba a tocar la nariz y luego me iba a mostrar un pedazo de mi nariz asomada en el puño. En ese bar, y en todos los bares a los que iba con mi padre, los dueños me tocaban la cabeza y había alguna mujer solícita que le decía a mi padre no se preocupe, yo se la llevo al baño. Y después de haber sido agarrada por las axilas, colgando medio torcida en el aire para embocar a duras penas en el inodoro, salía de la mano de alguien sabiendo que allí, en una mesa, de espaldas a mí y fumando pensativo estaba mi padre, que esa tarde rumiaba solo, todavía, «cortado», y que un momento después me podría señalar un karting que veríamos al pasar por una juguetería, o una pelota, o un coche de colección, o una trompeta, o llenar el coche de globos de gas para uno de mis cumpleaños –el Fairlaine repleto de globos de colores pegados al techo y mi padre como un chófer de un mundo fantástico–. Mi padre en un momento acabaría el cigarro y volveríamos al coche, con el que me podría llevar nuevamente de paseo por esa ciudad que, de repente, pese a los gritos de algún conductor y gracias a la dirección hidráulica del Fairlaine, se convertía en un lugar tan lleno de curvas y de sorpresas como la ciudad de neumáticos.

En esa ciudad, todas las empleadas de todas las panaderías sonreían ruborizadas con la sonrisa de compadrito galante de mi padre, o tal vez por esa manera de sonreír con toda la cara, por lo que las orejas se hacían eco de ese gesto amplio y feliz. En esa ciudad, cuando mi padre aminoraba la velocidad, y andando a diez llegábamos a la esquina, los vecinos sentados en la puerta de su casa nos miraban. En esa ciudad, cuando mi padre llegaba a la bajada del Monumento a la Bandera, el estómago se me hacía un nudo, escondida detrás, mientras nos precipitábamos hacia abajo y allí, frente a un río sin límites ni cauces, estaba la ciudad que nada tenía ni tendría que ver con un lugar cuadriculado, sino con un lugar encendido, luminoso, fulgurante, el lugar de todas las posibilidades.

En esa ciudad estábamos, cuando en casa nos preguntaban dónde estábamos. Y si nos habíamos demorado no había sido más que porque en la esquina de la tintorería de San Martín y Riobamba mi padre iba demasiado lento –concretamente, estaba leyendo en voz alta tintorería Sikimoto, qué será de la vida de Sikimoto–, y detrás un jeep empezó a tocar bocina y a gritarnos. Yo hice lo propio, es decir, dejar en el asiento las dos historietas de Periquita que mi padre acababa de comprarme y encima la porción de pizza que me estaba comiendo y de la que mi madre no tenía que saber nada, y sacar la mano y hacer los cuernos. Entonces el hombre del jeep consiguió adelantarnos, se detuvo, atravesando el coche delante de nosotros y mi padre pegó el frenazo. El hombre bajó con los brazos en jarra, era algo como un John Wayne en película acelerada y con varios centímetros menos de estatura.

Quien se haya quejado de que Rosario era una ciudad chata y cuadriculada, no sabe que más allá de ese aparente aspecto de tranquilidad existe una ciudad temeraria en la que desde siempre los vecinos, sentados a la puerta tomando mate, están entrenados en la catástrofe. La abuela de la almacenera de la esquina, de noventa y cuatro años, había tenido un ataque porque cuando estaba sentada tomando fresco un coche se le había subido hasta ponerle la trompa en la cara. La habían tenido que llevar con la silla al hospital porque estaba petrificada.

Y ahora junto a nosotros un hombre en camiseta se llevaba las manos a la cabeza, su mujer en batón gritaba «animales», una ancianita afirmaba «y lleva a una critaturita, no tienen alma», y en tanto el del jeep se acercaba descargando una seguidilla de insultos y frases como se cree que estamos en La Pampa, viejo no ve que obstruye el paso, usted se cree que es el dueño de la calle, usted me toma el pelo, se cree que soy boludo. No era tranquilizador, lo sabía, cada vez que algún hombre, policía o de civil, se agachaba hablando por la ventanilla del coche el asunto se hacía eterno y cada vez más grave. Un policía se había ofendido seriamente con mi padre, había llamado a su superior e insistía en detener a «este caballero» (que había tenido la idea de decir que era hermano del gobernador por lo cual él dejaba el coche en donde quería), en la entrada al corso, mi madre suspirando impaciente, yo sentada detrás con un disfraz de cowboy, la tía Antonia con la cara colorada y golpeando la ventanilla con un martillito de plástico de carnaval. Pero esta vez, frente al hombre del jeep, mi padre no dijo nada que pudiera provocar escándalo. El hombre del jeep –un joven pecoso y colorado– se detuvo en la seguidilla de insultos y se quedó muy parado mirando a mi padre.

Siempre se ha dicho y la gente se ha quejado porque Rosario es un pañuelo. Es cierto, el chico del jeep era el Venenito, que acababa de salir de la cárcel por pelearse a cadenazos en la cancha de Rosario Central. Perdone, no le había conocido el coche; no te hagas problema pibe. El padre del Venenito había trabajado con mi padre en la gomería, hasta que se puso a trabajar por su cuenta de albañil. Y ahora, en la esquina, con el coche del Venenito y el nuestro obstruyendo el paso, mi padre decidía encauzar la vida del hijo, llevándolo a trabajar a la gomería. En eso había terminado la discusión (con un camión con acoplado tocando bocina detrás, el matrimonio meneando la cabeza consternado), y mi padre más tarde diciendo je, Venenito, con tono entre paternal y contento, hasta que llegamos a casa, la familia en pleno, más las visitas para saludar y mi padre con la nariz metida en la serie «Bonanza».

Tenía, además, una curiosa manera de enfrascarse en el televisor. Podía estar tardes enteras con la nariz casi metida en la pantalla, de pie e inclinado, con los brazos y el resto del cuerpo apoyados en la mesa. A veces me lo quedaba mirando y no lograba entender qué era lo que de verdad lo hipnotizaba, porque a menudo mi padre mantenía una sonrisa estática cuando en la pantalla ya había terminado lo supuestamente cómico y a lo mejor estaban pasando las noticias. Las visitas de ese día, en tanto, consistían en la tía segunda Amanda y la prima Consuelo, que venía a presentar al prometido, el turco Abdala. Mi padre había aclarado días antes que a él en líneas generales los turcos le hinchaban las pelotas, sin embargo aquel hombre consiguió sacarlo de su ensimismamiento en «Bonanza». Era un hombretón de facciones gruesas, duras, una suerte de gorila con lentes que en principio me paralizó de miedo, hasta que empezó a hablar y sus modales y su voz resultaron las de una señorita delicada y primorosa. Miré a mi padre y quise preguntarle algo con la mirada –qué le pasa, por qué habla como las chicas–, pero mi padre estaba más estupefacto que yo: sin sentarse en la silla, en la misma posición en que había estado frente al televisor, ahora lo miraba absorto, mientras el hombre absolutamente afeminado contaba sus peripecias en el negocio de lencería (usted no se da una idea de lo que es conseguir seda natural de verdad, madre mía), al punto de que mi madre tuvo que repetirle varias veces viejo, querido, ¿por qué no vas a dormir un poco antes de cenar?

Y la tarde, a medida que se acercaba la hora de la cena, se volvía cada vez más ajetreada. Al mismo tiempo que se iban la prima Consuelo con su prometido, alguien buscaba por toda la casa alcohol o mertiolate para el tío Balbino, que se había raspado un tobillo con una piedra del jardín rocoso, el timbre volvía a sonar, y esta vez era el primo Eladio entrando a toda velocidad, yendo directo a nuestro mueble-bar para servirse un whisky, porque al parecer se había peleado con su mujer en forma definitiva. Venía a anunciarnos el divorcio, aunque las tías empezaban con Eladio, hijo, criatura, mirá a tu pobre madre –la tía Pepa secándose una lágrima y meneando la cabeza desolada–, solamente te pedimos que reflexiones, yo te juro por lo más sagrado que si hubiera sabido que se iban a llevar tan mal te metía a estudiar para cura. Eladio se reía con el vaso de whisky, tirado en el sillón, sin importarle que le dijeran inconsciente, irresponsable, Eladio no te rías más que esto es muy grave, ¡Eladio!

Detrás del timbre del primo Eladio y a último momento, oímos el característico frenazo del Torino rojo y de inmediato nos encontramos en la puerta saludando rápida y efusivamente al arquitecto Virdiani, vestido con una camisa de flores enormes. El arquitecto Virdiani siempre pasaba a saludarnos, algunas veces mi madre le señalaba una puerta caída o la lámpara de su diseño destartalada. Virdiani siempre sonreía, asentía una y otra vez, seguía sonriendo y cada tanto nos obsequiaba con una nueva pieza de su colección. La de esa Navidad, que nos entregó sin bajarse del Torino, era un florero con forma de caracol alargado, blanco y negro. Mi padre sonrió de costado y con el florero en la mano, viéndolo arrancar a toda velocidad, mumuró *mishiguene*.

Al fin, todos sentados a la mesa del patio, mi padre en la cabecera –y en el otro extremo mi madre–, se empezaba a cenar, las tías hablando todas juntas, la tía Pepa riéndose de algún chiste andaluz que recordaban de cuando vivía la abuela, o comentando el último viaje a Sevilla de la Lola, la

Paca y la Benita, que en medio de la procesión de Semana Santa, a sus ochenta años, había gritado por la Virgen de La Macarena, que le da por culo a todas las vírgenes.

Ay la niña, decían, que dónde está la niña, si se me había ocurrido meterme debajo de la mesa y tocarles las piernas a las tías. ¡Qué mala folla! Y yo sólo entendía que folla era como tener mala leche, o quizás algo parecido a malas puñalá le den, sin pensar ni por un momento que eso significaba que me cosieran a puñaladas. Porque las voces de mis tías y mi madre hablando de la Lola y la Paca que se la pasaban viajando a su tierra eran precisamente un manto andaluz, colorido y alegre, en el que ellas se secaban las lágrimas de risa, y ese manto todo lo cubría, todo, y eso era tal vez la felicidad. Ese manto que entre esto y náa y qué puñetero hacía imposible que alguien pensara que vendría una vez en que se abriría la mesa rebatible por última vez, y que habría una última vez que se colgaría el teléfono, una última vez que se abriría la lata de bizcochos, una última vez que se andaría por el jardín rocoso con una fuente de asado, y para cada y cada una de todas las cosas una última vez.

En algún momento, por sobre la algarabía de mi madre y las tías se superponía la voz gruesa de mi padre. Esa noche mi madre empezó a hacerle gestos y miradas letales a poco de estar todos sentados. Eran advertencias para que cerrara la boca, frases como te dije que no empezaras, me prometiste que no ibas a decir nada, mientras el resto de la familia reía y decía que no era para tanto, que lo dejara hablar al pobre, que no tenía importancia.

Pero claro, seguía mi padre, y usted Memi, coma que seguro que en la parroquia San Cayetano no le dan de comer esta carne.

La prima Bibi, calmada de su ataque de impotencia y vestida de fiesta, con un vestido negro con un hombro al aire, le iba aclarando a su novio los pormenores de la casa. El tío, le decía en voz baja, es judío, pero muy abierto, por eso festejamos la Nochebuena en su casa. Y el novio asentía interesado, mirando a mi padre y quizás intentando entender qué cosa era un judío abierto, o tal vez si en la religión judía existía la categoría abierto y cerrado, mientras la familia en pleno brindaba por Abelito, por muchos años.

Mi mujer, seguía mi padre, cómodamente sentado, así como la ven es una gran cocinera. Entonces todas las tías se reían del comentario de mi padre, esperando el resto del relato. Seis meses, decía mi padre, seis meses cenando en restaurantes cuando nos casamos. Tío, cuente lo del casamiento. No, otra vez no, sí, sí, se acuerdan, qué calor. Porque mis padres se habían casado el día más caluroso del año, en una ceremonia civil en la que mi madre había llevado un vestido blanco, que le marcaba la cintura de avispa. Antonia se descompuso, decía mi tía Pepa, a mí se me pegaba el vestido. Qué horror aquel día. Mi madre meneaba la cabeza, como si todavía se sintiera culpable de haberse casado el día más caluroso del año. Y yo, joven, seguía mi padre dirigiéndose al distraído novio del la prima, usted, joven, cómo se llama el pescado, preguntaba en voz baja al primo Julio, vestido de Lucifer y cenando en silencio y con una distinción impecable. Tío, no le diga pescado, se llama Daniel. Daniel seguía mi padre, verá usted, a mi suegra se le puso en la cabeza que tenía que llevar el cuello de la camisa almidonado. Y yo no sé si fue el boludo del japonés que lo almidonó mal, o el fotógrafo que estuvo tres horas para sacarnos la foto, ¿pero quiere saber cómo estaba el cuello de la camisa cuando salió en la foto? Y todos esperábamos la respuesta que ya sabíamos. ¡Miel, era miel!, estaba como un acordeón, y si lo tocaba estaba todo pegoteado. Un casamiento de porquería. Mi madre saltaba airada, no digas eso. No hay que casarse, comentaba tajante la prima Sandra, la mujer del primo Eladio, que acababa de presentarse a cenar con nosotros aunque el marido quisiera presentar la demanda de divorcio.

Y mientras las tías se reían o hablaban animadas el semblante de mi madre en cambio se iba ensombreciendo, mirando a lo lejos, exactamente hacia la otra punta de la mesa. Y murmuraba. No le den más vino, no puede, no puede, por las pastillas, él no puede. Mi padre se iba achispando, y hacía algún comentario sobre Jesucristo, un impostor que seguro fue comerciante de neumáticos. Y hablando de neumáticos, mi padre contaba quién casi lo había chocado. Veneno, Venenito, repetían las tías, pero ése es un delincuente. Yo lo voy a encauzar a ése, advertía mi padre. Y usted, joven, agregaba dirigiéndose al flamante novio de la prima, coma, sírvase, que se lo ve muy demacrado. Y Eladio agregaba con sorna: Como Jesucristo.

Las tías reían escandalizadas, mi madre alzaba las cejas, lívida, a la vez me decía a mí que no me ensuciara, que dejara ya mismo de jugar con ese mamotreto y viniera a comer, y volvía a mirar a mi padre, resentida y amenazante. Qué dije de malo, decía él, no tengo nada en contra de Jesucristo. Claro, si lo dice en broma, lo dice para que te enojes, tonta, le decía la tía Pepa a mi madre, y el tío Balbino, haciendo equilibrio en el jardín rocoso con una fuente de chorizos, agregaba exaltado pero por favor, ésta se lo toma todo en serio, refiriéndose a mi madre.

Tío –y mi prima le guiñaba un ojo a su novio– cuente por favor lo del primer neumático. Una historia que mi padre contaba como si se tratase del Génesis, un relato pausado en el que él, joven e inexperto, pero buscavidas, un buen día hablando con el japonés de la tintorería Sikimoto, cuyo cuñado era el que había embalsamado a su mujer y la tenía en el comedor de su casa, tuvo una idea brillante: cuando el hombre le comentó que tenía que salir para cambiar las ruedas de la camioneta, mi padre tuvo una idea súbita, una idea que nunca supo bien cómo se le ocurrió. Una hora después mi padre regresó, andando por el medio de la calle, haciendo rodar un neumático que acababa de pedir fiado. Así había empezado todo, así mi padre, que había llegado tan joven a Rosario, había comenzado a levantar su ciudad, ésa por la que se paseaba a sus anchas.

Eran otros tiempos, sentenciaba mi padre, otros tiempos que, años después, yo leería en las viejas crónicas de Rosario, las de los años treinta, cuando Rosario amenazaba con convertirse en una ciudad «de proporciones yanquis». Sí, y así lo afirmaba mi padre en la cabecera, aquella ciudad en donde se crecía y se crecía a fuerza de trabajo, empuje y honradez. Aquella ciudad con la que los porteños «estaban que hervían», por el brillo y la fuerza de ese pequeño pero pujante centro cosmopolita, en donde se proyectaban rascacielos y puentes que nada tendrían que envidiar al puente de Brooklyn. Los porteños, seguía mi padre con voz fuerte y tono didáctico, se morían de envidia por la torre del correo de Rosario. Y por los mafiosos. O acaso Buenos Aires supo ser el antro de la mafia que fue Rosario. No, no, le gritaba mi madre, no empieces con los mafiosos. La mafia, y cuando mi padre decía mafia, alzando las cejas enigmático, yo me imaginaba algo negro y tenebroso. Rosario sí que fue cuna de la mafia. Y los piringundines, en donde Lili Mix y Petra la Salvaje eran culo y calzoncillo con mi padre, que desde los trece años se había movido en su salsa por esos antros de mafiosos, delincuentes, arrabaleros, jugadores y tramposos de baraja. Pero eran otros tiempos, porque según mi padre el presidente que teníamos ahora era una peste, y el anterior también, y el próximo. Perón, concluía, y todas las tías gritaban escandalizadas. Perón. Tiene que volver Perón. Pero si nunca fuiste peronista, viejo, hace veinte años que te escucho lo mismo. Digo que Perón, cuando vuelva Perón, (y yo imaginaba a Perón, o «al hombre», como alguien tan oscuro como decir mafia, o alguien tan importante como Jesús el impostor) se terminan todos los problemas. El hombre, decía mi padre riendo carismático, una sonrisa tan carismática como la que al fin vería en el mismo general Perón saludando desde el balcón de la Casa Rosada, el hombre volverá. Basta, decía mi madre, te prohibo que sigas con eso de Perón.

El tío no es peronista, le aclaraba la prima Bibi a su novio, pero no soporta a los militares. Tío, ¿y a quién conoció un día al salir de la gomería? Y entonces mi padre cambiaba el semblante, actuaba una sonrisa dulce, tanguera, a lo Gardel, y daba paso a la escena esperada: Quién, quién estaba un día, cuando él salía de la gomería, sentada allí. ¿Quién, quién vivía ahí al lado? ¿quién?, sonreía mi padre, mientras mi madre bajaba los ojos, ¿quién estaba todas las tardes sentada de punta en blanco, custodiada por la santa madre? Las tías miraban a mi madre, que ahora parpadeaba nerviosa, fingiendo indiferencia. Qué cursi, decía, mientras alguna de las tías le tocaba el vestido a mi madre, qué lindo, qué buen gusto que tiene tu marido, realmente. El tío, aclaraba mi prima a su novio, viaja mucho a Buenos Aires por trabajo. Hace poco para mis quince años me trajo este vestido.

Buenos Aires, cada vez que se hablaba de Buenos Aires las tías hacían exclamaciones asustadas. Un loquero, jamás pondrían un pie en esa ciudad laberinto, enorme, inhumana. ¿Cuánto de ancha era la Avenida 9 de Julio? Alguna vez le había preguntado a la tía Antonia si ella sería capaz de cruzar la Avenida 9 de Julio, «la más ancha del mundo», y la tía se había reído avergonzada. Y así en la cena, las tías y mi madre le pedían a «la pobre Antonia» que contara otra vez lo que le había pasado en Buenos Aires, cuando había ido por primera vez en su vida, en una excursión de los amigos jubilados del barrio de la calle San Martín. La tía se volvía a poner colorada, decía con voz de hilo no no, no me quiero acordar. No quería acordarse de que, ni bien habían llegado al Obelisco, el grupo se había parado en el semáforo de un lado de la Avenida 9 de Julio y, a la voz de ahora, habían cruzado el primer tramo de la avenida. La tía, en aquel su primer viaje sola y a semejante ciudad, había conseguido, a pesar de que las piernas no la sostenían bien, llegar con los otros a ese primer tramo. Pero eso fue todo lo que pudo hacer, en el siguente semáforo se había quedado paralizada, sola, agitada, en medio de esa autopista de locos que salían por todos lados. Nunca antes había tenido yo una idea tan espantosa del miedo paralizante, mirando a la tía colorada de nervios y vergüenza, mientras el resto de la famila hacía los cálculos, una hora, una hora y media, ¿cuánto tardaron los otros, que ya estaban por el Luna Park, en darse cuenta de que la tía no estaba con ellos, en darse cuenta de que se la habían dejado en alguna parte del camino? Y luego, retroceder por Corrientes hasta regresar a ese lugar en donde encontraron a la tía sola en medio de la avenida, muy seria, los ojos perdidos o fijos en un punto, con taquicardia, y esperando que alguien la rescatara.

No, claro que no, cruzar esa calle que no termina nunca, ponerse de acuerdo con el primer semáforo, el segundo semáforo, antes de que el aluvión de coches arrancasen llevándose todo por delante. Ni las tías ni mi madre querían saber nada de Buenos Aires, esa ciudad en donde te dejaban abandonado, porque todo iba tan rápido que no había tiempo que perder, esa ciudad que en cambio mi padre parecía conocer de punta a rabo, por la que transitaba a sus anchas, conocía gente, cruzaba la calle sin mirar a los costados.

Tío, ¿cómo le fue en el último viaje a Buenos Aires? Mi padre se encogió de hombros: Bah, esa Nélida Lobato no vale nada.

Silencio absoluto, mi madre demudada, mirándolo fijamente con los ojos brillantes. ¿Esa quién? Sólo se oía un je je del primo Eladio.

Ésa, la Nélida Lobato. Mi padre miraba el reloj a ver si faltaba mucho para las doce de la noche, la hora en que el niño impostor viene al mundo. Mi madre insistía, y las tías bajaban la vista risueñas. ¿Esa quién? y al momento se quitaba la servilleta de la falda y la tiraba enérgica encima del plato, los labios apretados, el gesto a punto de estallar. Al teatro de revistas. Fuiste al teatro de revistas. Pero bueno, intentaban las tías, no tiene nada de malo, es un hombre, ¿por qué no puede ir al teatro de revistas? Pero si no vale nada, insistía mi padre, dicen que se sacó las costillas de abajo comentaba la prima Sandra ¿Y estabas en la segunda fila? seguía mi madre, ¿como en el hipódromo, con los largavistas también? Porque mi padre ya había hecho eso con Nélida Roca, en la segunda fila, hasta que la vedette se había acercado al proscenio y moviendo las caderas y con los brazos en jarra le había preguntado ¿me vas a sacar una radiografía?

Todos reían de aquella anécdota de mi padre, una de sus tantas anécdotas cuando volvía de aquellos viajes trepidantes a Buenos Aires, cargado de regalos, el traje negro y los zapatos abotinados brillantes, contando sus cenas con los directivos de Firestone. Pero él no decía Firestone cuando volvía de Buenos Aires, decía *Faireston*, como si él también fuese un gerente americano, un señor Fedner, un mister Johnson, que además de ocuparse de sus negocios había ido a ver una de esas vedettes en la segunda fila.

Mi madre respiraba hondo, se quedaba con la mirada fija en el plato, las tías insistían en que mi madre era una exagerada, mi padre se dirigía campechano al primo Julio, que seguía cenando como si nada hubiese pasado ¿Buen apetito? Excelente, una cena excelente y con un solo movimiento de un dedo aristocrático decía a su mujer, que no había abierto la boca ni la abriría durante toda la cena, más vino. Yo nunca fui al teatro de revistas, decía la prima a su novio, y entonces mi padre desde la otra punta le guiñaba un ojo a mi madre, preguntaba dónde estaba la chiquita –otra vez con ese mamotreto, se va a ensuciar toda, decían las tías–, a continuación miraba solemne el reloj, se ponía de pie y exclamaba: Silencio.

Silencio, y aquella noche, luego de una pausa dramática, arremetió: Dijo Dios a Abraham.

Silencio. De pie, metida dentro de aquella maleta con la tapa sobre mi cabeza, esperé lo que venía, intrigada.

«Vete de tu tierra y de la casa de tu padre a la tierra que te mostraré.»

Y mi madre ahora le clavaba una mirada asesina, ordenándole que se sentara. Pero mi padre, solemne y potente, con la cara colorada, retomaba el Antiguo Testamento, repitiendo :

«Dijo Dios, Abraham, vete de tu tierra y de la casa de tu padre...»

Basta, gritó mi madre, te lo prohíbo, te dije, te pedí que no empieces con la Biblia. Pero yo quería saber qué más le había dicho Dios a Abraham, y la prima le decía que sí, que siguiera, y que también contara el Diluvio Universal –el tío cuenta muy bien el Diluvio Universal, le aclaraba a su novio–, sólo que entonces algo sucedió. Mi madre se puso rígida, abrió los ojos como si estuviese ahogándose y al instante siguiente se desplomó entre la silla y el suelo.

Como en esas escenas televisivas, cuando hay

algún incidente callejero que la cámara no alcanza a ver, del mismo modo de repente toda la familia se movía y me tapaba la visión de mi madre. Y de golpe nadie estaba allí, excepto yo metida dentro de una maleta, oyendo las campanadas de las doce, la hora del nacimiento del Niño Jesús, el impostor según mi padre. Cuando al fin salí de allí dentro, y anduve por los dos comedores y el pasillo largo, encontré a todos congregados en la habitación de mi madre, que yacía como aquellas mujeres que yo había visto en las películas, sobre almohadas de seda blanca.

El doctor Glinstein, vestido de pantalón corto y zapatillas de tenis, le tomaba la presión y la tía Antonia, con la cara blanca y cubierta de puntitos rojos, se abanicaba con la pantalla de Rulemanes Modestini. No me dejaban acercarme y no me atrevía a acercarme. Mi madre no era que se cortaba, eso que yo estaba viendo era que se moría. Cada vez que entreabría los ojos un poco la respiración me volvía al cuerpo, pero al instante los volvía a cerrar y todo ese aire se iba de mí y tal vez ya no volvería nunca más. Era exactamente como en las películas argentinas de la época de oro, las que veía por televisión los sábados a la tarde. No las que veía con mi padre, que solía reír con Pepe Arias y sobre con todo Adolfo Stray diciendo con acento yiddish «fúlmine» sino las otras, ante las que mi madre derramaba gruesas lágrimas. La mujer yacía en la cama, la santa madre, mientras el hijo descarriado pero bueno en el fondo, a su lado, arrodillado (porque acababan de irlo a buscar al hipódromo, en donde se gastaba toda la pensión de la viejita), le decía, le suplicaba, mamita, no te vayas. ¿Eso tenía que hacer yo? ¿Acaso tenía que acercarme, agarrarle una mano a mi madre y decirle, mama, vieja, viejita....le juro que nunca más le voy a dar trabajo. O acaso era distinto, acaso era que mi madre iba a abrir los ojos y, como aquella heroína bella entre almohadas de seda, iba a empezar a pedir perdón por todos sus pecados, iba a mirarme a mí e iba a decirme perdón por haberte sacudido la nuca cuando arruinaste la ensalada rusa de Elda. O tal vez mi madre no volvería a abrir los ojos nunca más, muerta por una lipotimia –eso decía el doctor Glinstein, y las tías asentían, es que fueron muchos disgustos, muchos nervios, ella se lo traga todo y nunca explota, la procesión va por dentro–; lipotimia, palabra que entraba en el vocabulario de cortado, absorbida, ausente, negro mundo, hemorroides, desgracia y fiestas, por algo traen desgracias.

Salí de su habitación y corrí hasta el patio. Fui hasta la maleta roja y levanté la tapa. Una vez dentro, cuando tuve que asomarme para respirar, vi a mi padre sentado, solo, en el patio vacío. Mi padre de espaldas, la nuca corta, las orejas salidas. Largo rato, mucho rato permanecí allí dentro, tomando aire cada tanto, espiando a mi padre sentado solo, absorto en algo.

Podría haberle preguntado aquella noche, podría haberle chistado, papá, qué es lo que le ordenó Dios a Abraham. Tal vez me lo habría explicado.

En nuestra familia no se tomaban las cosas con calma. En verdad, pocas cosas se tomaban con calma, a saber: los ataques de impotencia y dolor de la prima Bibi, las operaciones de hemorroides de familiares, conocidos y amigos (se les enviaba una cámara de neumático, para que el individuo pasara el postoperatorio con el trasero flotando); también mi ojo estrábico.

Los que somos estrábicos tardamos mucho tiempo en entender en qué consiste eso. Nos miramos en el espejo y los ojos están donde tienen que estar, sin embargo la prima o mi madre, y también mi padre a veces levantaba la vista del plato y se me quedaba mirando. Mi madre entonces, suavemente, en la cabecera, me indicaba: el ojito. Y qué era lo que tenía que hacer entonces, en principio enderezar algo que se había estraviado. Me pasaba tiempo delante del espejo para captar la fuga del ojo, eso que la prima Bibi, burlona, llamaba bizca, y a veces matizaba con un uy uy que se le escapa, se le escapa.

Una tarde de ese verano después de la Nochebuena con lipotimia de mi madre, estaba sentada en el patio con una caja de música en forma de dado. Era la caja que más me gustaba, la que había desarmado y armado innumerables veces. Era maciza, fuerte, a la vez el tacto muy suave. El mecanismo era, no podía ser de otro modo, idéntico al de las otras, pero en este caso el rodillo era más grueso, era blanco y negro en lugar de plateado, y se podía cambiar de compartimento. Podía quitarlo del primero y encajarlo en el cuarto, y la caja de todas maneras funcionaba. Luego, en cada uno de los cuatro compartimentos con tapa podía esconder objetos, muñecos del chocolate Jack que juntaba para mí la tía Antonia, tapas de gaseosas, tornillos. Los escondía e intentaba olvidarlos, durante tiempo, para que cuando volviera a abrir la caja, y cuando volviera a abrir la tapa del primero, el segundo, el cuarto, los descubriera allí con asombro, y los rescatara.

En el comedor, mi madre y mi prima conversaban en voz baja. Hasta que me llamaron, me hicieron sentar y me hablaron en forma suave, didáctica y pausada. No tenía que preocuparme, no era nada grave, simplemente me iban a llevar a Buenos Aires para que me viera el mejor especialista en ojos estrábicos.

Buenos Aires. Ésa era la única palabra que me sonaba y resonaba. Ni el tomármelo con calma, ni el que no tiene nada de malo ser estrábico, ni el que el médico no me iba a hacer daño. Todo eso me sonaba en sordina comparado con el hecho de que iba a conocer esa ciudad de teatro de revistas, de vedettes que se quitaban costillas y de tráfico tremendo, un loquero, la ciudad de la avenida más ancha del mundo en la que la tía Antonia se había quedado atrapada y con taquicardia, por la que mi padre transitaba a sus anchas, una ciudad diversa, gentes vestidas como les daba la gana –eso decía mi prima, ojalá viviera yo en Buenos Aires–, mucha ropa, muchos negocios, cines, teatros, un mundo enorme del que mi padre regresaba cargado de regalos y diciendo *Faireston*.

Y allí íbamos, aunque los preparativos se presentaron accidentados. Noches después volví a ser llamada por mi madre que, con un gotero y un frasco en la mano, me pidió que me acercara, que abriera bien los ojos y mirara hacia arriba. No sólo me negué a mirar hacia arriba, antes me negué a acercarme y básicamente me negaba a que alguien me metiese algo en los ojos. Mi madre no estaba para perder tiempo, todavía faltaban un montón de cosas que preparar y al día siguiente salíamos en el tren de la mañana, de modo que por favor, lo único que tenía que hacer era dejarme poner las gotas dilatadoras, así lo había indicado el médico que me vería al día siguiente. Dilatadoras, palabra contundente como lipotimia, absorbido, cortado, ataque a los ojos, algo que de ninguna manera iba a permitir, aunque mi madre ya no decía que no estaba para perder tiempo, decía qué vida, lo que conduciría más tarde a qué castigo, qué hice de malo para que Dios me castigue con esto y demás expresiones mientras yo ya andaba corriendo por las piedras del jardín, saltando dentro de un armario, metiéndome dentro de la maleta roja, agarrándola luego y arrastrándola conmigo por la escalera a la terraza.

Y mi madre esgrimiendo el frasco letal, hasta que me encerré en el baño. Del otro lado sus expresiones iban *in crescendo*, desde hijita por favor, hasta Dios mío qué penuria, no puedo más.

Y el no puedo más de mi madre condujo, rato

después, a lo siguiente, que eran la tía Pepa, la tía Antonia, la prima Bibi y mi madre, cada una ocupando un puesto clave en el comedor mientras me escurría por debajo de la mesa hasta la lámpara que daba corriente. Mi madre seguía con el frasco en la mano, la prima Bibi intentaba la persuasión didáctica, que consistía en explicar qué era la dilatación y por qué era imprescindible que el médico al día siguiente me viera con los ojos dilatados, la tía Pepa intentaba sujetarme por el fondillo del pantalón, en tanto mi madre lo intentaba por los pelos y la tía Antonia, sentada en un rincón, sollozaba y gemía que no le hicieran eso a la pobre chiquita.

Vamos querida, que no te va a pasar nada. Criaturita, no seas caprichosa, no grites que se va a despertar tu padre. Tanto lío por unas gotas en los ojos. Pero no había palabras que me convencieran. La prima Bibi se cansó en algún momento de ser didáctica y me atrapó por una oreja, mi madre por otra y ahora, ahora, (malas puñalá le den a la niña) que mire para arriba. Y entonces sentí, sujeta, más bien comprimida por ambos lados de la cabeza y por el mentón que, como en el Diluvio Universal que a veces había relatado mi padre, de pie y en voz alta, las cataratas del cielo se precipitaban en mis ojos. El castigo de Jehová por tanta mentira y tanta violencia. No tanto, tía, dijo la prima, pero eso ya era demasiado tarde.

No sólo aquella noche mi madre se pasó en la dosis de gotas (medio frasco), a la mañana siguiente abrí los ojos y no veía nada. Veía, exactamente, brumas. La señora Elda intentaba calmarme, pero yo ni siquiera veía a Elda, veía una mancha con el pelo negro. Tampoco veía el teléfono, y era Elda la que tenía que marcar el número de la tía Antonia para que yo le dijera que estaba ciega, que me habían dejado ciega. Y al fin apareció una mancha de cabeza rubia, que venía a ser mi madre, y luego otra mancha que era la prima gritando porque en la tintorería no le habían entregado el vestido. No estás ciega, no es ciega, querida, son los ojos dilatados. Pero qué significaba ojos dilatados, a no ser una nube espesa en la que, para calmarme, Elda me daba la caja de música en forma de dado, esa caja maciza y cuadrada que veía como una mancha marrón, la que me iba a poder llevar a Buenos Aires. Sentada en la cama, llorosa y nublada, tocaba la caja, alguien se ocupaba de mi equipaje y al fin, porque alguien dijo déjenla, pobrecita, no ven cómo está, más tarde estábamos en la estación de tren mi madre, mi padre, mi prima y el Venenito que, entre bolsos y cajas, cargaba la maleta roja, de cartón duro, encima de las otras de verdad. Pero me habían dejado llevarla, creo que dentro estaba la caja de dado, un lápiz gigante, un muñeco y un paquete de caramelos que me enviaba la tía Antonia para el viaje.

Fue un viaje en brumas que recuerdo doblemente en brumas. Éramos una familia feliz que iba en un tren en las nubes, camino de una ciudad impensable. La prima Bibi a mi lado me ponía algo delante y me preguntaba ¿qué ves? Veía una mancha, no sabía si era un dedo, una moneda, un caramelo. Mi madre, rubio casi platino, «ceniza» decía ella, estaba frente a mí, lo sabía por la melena que en mi visión brumosa destacaba, como destacaba a su lado la voz de mi padre hablando con alguien del tren, alguien importante que lo conocía desde siempre y que lo felicitaba porque ahora viajaba con su familia. Y como fondo, otras voces y otras gentes que pedían algo, una coca cola, el turno para comer, ruidos diferentes y, como único ruido constante, el traqueteo de ese tren que ya no existe –ya no existe el tren de Rosario a Buenos Aires– que se iba de la ciudad de siempre para llegar a otra que tampoco vería bien, o nunca vería como es.

Caramelos, revistas, un whisky antes de almorzar, aunque mi madre le decía a mi padre que no, que no bebiera alcohol. Pero la voz de mi padre cada vez era más potente y locuaz, como la de la noche de la lipotimia de mi madre. Saludaba a más gente, parecía conocer a todos, desde el inspector al encargado del coche comedor, o el jefe de cocina. A todos nos presentaba, y todos eran manos de caras borrosas que me tocaban la cabeza. Mi madre decía a alguien sentado al otro lado del pasillo que nos disculpara, que no éramos siempre así. La voz del otro lado, de un hombre, decía a su vez que no nos preocupáramos, ¿tal vez era nuestro primer viaje? No, no, contestaba mi madre, bueno, mi marido viaja siempre, nosotros menos. ¿Dónde está el papi? se preguntaba mi madre, mientras oíamos en un extremo del vagón a mi padre hablando con alguien. En tanto el hombre del otro lado seguía conversando con mi madre, que a su vez le contestaba amable y cortante a la vez, sin duda cada vez más nerviosa, mirando por la ventanilla, porque la prima Bibi acababa de decirle tu pretendiente, te sacaste un pretendiente. Buah, dijo a su vez mi madre, como cuando decía el «qué cursi» refiriéndose a mi padre.

Y al fin volvió mi padre, diciendo que nos habían reservado el mejor lugar en el coche comedor. Luego hubo que ponerse de pie. La prima Bibi insistía en maquillarse un poco antes de pasar al vagón comedor, «como en las películas». Mi madre decía que era una exagerada y que ella, con los nervios, no iba a poder probar bocado. Y en voz más baja, que el pesado ese no venga con nosotros, adiós señor, ahora gritando, adiós nos vamos.

Recuerdo que iba avanzando por un pasillo estrecho y a los dos lados desfilaban caras borrosas. Y recuerdo sobre todo que, cuando llegamos al final del vagón, en el momento de pasar a otro, el suelo empezó a moverse como en una cinta de un parque de diversiones, o algo peor, el suelo se movía en dos sentidos opuestos y no sabía dónde y cómo pisar, y el ruido del tren era infernal. Estaba sola, en medio de una tierra de nadie, sin formas ni caras, en una boca de tormenta (porque allí había viento, mucho viento) y buscaba la mano de alguien que me sacara de allí. Como la tía Antonia se había quedado paralizada en medio de una autopista de locos, yo me quedaba de pie sin poder volver atrás, sin poder avanzar. Atrás y adelante desaparecían de mi noción del espacio y del tiempo, y en lugar de eso eran un caos oscuro en una cinta dislocada hasta que al fin una mano me sacaba de allí, y al fin, me llevaba a otro pasillo idéntico, y otro, pero siempre entre medio ese pequeño infierno incomprensible en el que el ruido era ensordecedor y el suelo amenazaba con tragarme. La prima dijo entonces que la madre de no recuerdo quién se había suicidado tirándose a las vías entre dos vagones. Alguien que había decidido morirse, había decidido ser absorbido, chupado, cortado, en ese territorio de tránsito, como suicidarse en la Avenida 9 de Julio simplemente por quedarse en medio, esperando que un taxi o un coche lo atropellara por alguno de los dos o tres o cinco carriles. Qué horror, dijo mi madre. Y nuevamente, como una pesadilla en una cinta sin fin, estábamos otra vez en esa tierra movediza, en esa cámara de viento y ruido ensordecedor, en la que cada vez que ponía un pie me quedaba paralizada. Qué te pasa, qué le pasa a esta nena, decía mi madre. Vamos chiquita, que hay gente detrás.

No sé si comí o qué comí, pero sí que todo se caía o amenazaba con volcarse. En tanto mi padre nos iba anunciando, como cuando en el coche leía en voz alta los carteles luminosos, los nombres de las ciudades que íbamos pasando. Campana, un nombre extraño, y antes otro también raro, Arroyo Seco. Pergamino, ¿qué significaría vivir en Pergamino?

Y al fin, el fin de aquel viaje en las nubes para bajar en un lugar que olía a humo y al parecer estaba lleno de gente, –qué multitud, Dios mío, dijo mi madre–, Bibi no sueltes a la chiquita. Y de la mano de la prima, que me sujetaba fuerte, hasta hacerme daño, fui avanzando por un territorio en donde brillaban –y en mi semiceguera me encandilaban– luces blancas. La voz de mi padre, que hablaba de subir a un taxi, se perdía más adelante, la voz de mi madre era temerosa, y los cuatro éramos pequeños y nuevos y extraños, perdidos en un mundo que no podía ver, una ciudad que sólo había conocido en mi imaginación y que de momento eran gritos, chistidos, pisadas, la prima apretándome la mano cada vez más fuerte y un taxi, al fin un taxi. Estábamos en Buenos Aires.

Poco o mucho más supe de aquella ciudad en aquel viaje. El médico fue un hombre de blanco que se acercaba, de repente ponía su cara casi encima de la mía y me examinaba los ojos nublados. No era nada, ya se me pasaría con los años. No vamos a ponerle lentes, dijo el médico, con la edad se le irá corrigiendo. Mi madre suspiraba aliviada, la prima quería pasear y mi padre, porque estábamos en Buenos Aires, decía que tenía que ir a *Faireston*.

No sólo dijo en aquel viaje que iría a *Faireston*. Después de haber ido a *Faireston* todos, desde el conserje del hotel, nosotros mismos, el mozo de cualquier restaurante, todos oímos a hablar a mi padre con acento americano. Mi padre y la ciudad ya no eran borrosos para mí, pero ahora sentados en un bar cualquiera, mi padre era visible pero ininteligible. Hijitau, queridau...Y al principio pensaba que se trataba de una broma, que mi padre al momento iba a hablar de forma normal. Pero no. Mozou, decía, mi, no entender, qué es esthou ¿Por qué hablaba de esa manera? Una manera de hablar que sólo había encontrado en la maestra de inglés, Miss Sussy, que cuando nos hablaba en castellano –sólo una parte de la clase en castellano, porque ella insistía en que para aprender inglés hay que hablar en inglés–, nos hablaba también de ese modo raro, ese acento por el cual parecía que le habían metido un pedazo de verdura amarga en la boca.

Pero con mi padre no entendía lo que evidentemente entiendo ahora. Así como los mister Johnson y Fedner decían «oh...qué niña más bonithau», cuando vinieron al hotel a saludar a mi madre, también mi padre se podía pasar muchos días hablando con ese acento americano. Y no sólo era el acento, mi padre en verdad utilizaba el «tú» de los doblajes. Tanto ver series americanas, tanto ver «Valle de pasiones», «El Zorro», «Bonanza», mi padre copiaba también el castellano de los doblajes: «Tú niña, acércate».

Mi padre no dejó de hablar con acento americano durante esos días en que estuvimos en Buenos Aires. Aunque a veces, cuando se quejaba de la cantidad de equipaje que habíamos traído, o de que mi prima tardaba mucho en maquillarse, volvía a hablar en forma normal. Y algunas veces, cuando mi madre estallaba y le gritaba que dejara de hacerse el tonto, mi padre sonreía con picardía y el personaje se le desmoronaba. Pero sólo por momentos, de inmediato estaba andando de un lado a otro y hablando en americano. No lo recuerdo demasiado tiempo sentado en ningún lado.

Recuerdo en verdad algunas cosas, escenas, como la pataleta que le dio a mi madre en la Avenida 9 de Julio. Íbamos la prima mi madre y yo, porque mi madre quería cambiar una cartera que le acababa de regalar mi padre. La prima Bibi insistía en que era una cartera preciosa y modernísima, pero mi madre, altiva, mirando de reojo a mi padre de pie, insistía, no me gusta, no la voy a usar, él ya lo sabe. Fuimos a cambiarla, pero cuando llegamos a eso que no parecía tener final, que era como diez avenidas Pellegrini de Rosario, mi madre insistía en no, que no, no cruzo yo no cruzo, están locos. Y al fin se quedó con la cartera modernísima que había elegido mi padre.

Luego, en el hotel, sentadas en la confitería, vi cómo mi madre se ponía colorada. Y la prima decía qué casualidad. Porque en la otra mesa estaba el hombre del tren, el pretendiente. Era un hombre estilizado y elegante, de bigote gris. El mundo es un pañuelo, señora mía, le dijo a mi madre, con un tono mundano, algo sobrador, a la vez mirándola fijamente con sus ojos azules. Mi madre asentía, tamborilleaba las uñas pintadas en el mantel, la prima en voz baja decía que el hombre parecía un artista de cine. Nunca había visto a mi madre tan nerviosa, alegre a la vez, finalmente asustada. Mi esposo debe estar por llegar, no sé por qué no viene. El hombre desde la otra mesa asentía, sonriente, a la vez que desplegaba cuidadoso su servilleta, y la acomodaba prolijo. Jamás había visto que mi padre hiciera eso con la servilleta, al contrario, mi padre la sacudía y a continuación se la acomodaba en la pierna derecha, sentado siempre un poco abierto de piernas, y si la mancha le caía en la izquierda no parecía preocuparle. Normalmente en los restaurantes mi madre siempre pedía talco para alguna mancha de mi padre. En cambio ese hombre era impecable. Sonreía de una manera rara, parecía estar burlándose de nosotros, pero a la vez quería ser amable, y ahora comía una tostada, lentamente. Ese hombre tenía algo que no me gustaba.

Y finalmente, aquel viaje estuvo muy lejos de ser aquello que yo esperaba, lejos de aquel viaje fuera de serie, de aquella idea de que sería mil veces más la aventura de ir en el coche con mi padre por Rosario. Sería –había pensado yo– algo nuevo y espectacular, andando por una ciudad nueva de la mano de mi padre, recorriendo laberintos de calles por las que él, seguro y a sus anchas, me llevaría y me perdería hasta cansarnos. Pero nada de eso sucedió.

El único viaje fue el que menos podría haber esperado, y era subir una y mil veces en el ascensor del hotel. El ascensorista me sonreía y me presentaba a otras personas que hablaban como mi padre: «qué bonithau», y me dejaba subir y bajar con él, sentada en un banco de madera. De ese modo me pasaba mucho rato viendo entrar y salir gente. Mujeres con sombreros de paja, hombres con camisas floreadas y pantalones cortos, hombres con maletines. Era el mismo recorrido, siempre el mismo recorrido, subir y bajar, bajar y subir, como el sendero del primo Abelito.

Y en alguno de esos viajes lo vi. Lo vi detrás de la puerta de rejas del ascensor, detenido en uno de los pisos. Era un hombre, en principio era un hombre, que hablaba fuerte, tiraba el cigarrillo al suelo alfombrado y le decía algo a un botones que yo ya había visto ir y volver con una pava de agua abollada. La pava del mate de mi padre, que se la había traído de Rosario para horror de la prima Bibi, en ese elegante hotel de jarras de plata. El botones tenía precisamente la pava abollada en la mano, y el hombre le gritaba que quién carajo le había dicho que quería tomar mate. Usted, señor. Qué señor ni qué carajo....

Es el hombre que grita, dijo una mujer dentro del ascensor, el de la habitación de al lado. El hombre que grita, y yo lo miraba desde dentro, separado de mí por una reja, su cara roja, las orejas rojas, el pelo parecía más entrecano. Miré a la mujer y la odié para siempre, el ascensorista en tanto me miraba con un gesto atribulado o quizás expectante. Pero no le dije a esa horrible mujer de sombrero absurdo que ese hombre que estaba allí era mi padre. Que mi padre no podía ser de ningún modo el hombre que grita. Sin embargo a ese botones le estaba gritando.

La otra cosa que recuerdo ya no fue en aquella ciudad en brumas, pero tampoco fue en Rosario, fue en una ciudad que no puedo recordar, porque no sé su nombre.

Cierta noche, poco después de aquel viaje, jugando con la caja de música en forma de dado, mi padre me llamó desde el patio. Hacía mucho calor, pero no había razón para que estuviese como estaba, de un color rojo fuego. Mi madre al lado balbuceó algo de «a ella no» y mi padre me indicó que me sentara en una silla, a su lado.

Mi madre entonces se puso de pie y se fue a su habitación. Me quedé junto a mi padre, mirando su expresión acalorada, mirando el detalle de las sienes, en donde se marcaban venas como pequeños árboles. Mi padre nunca me pegó, sólo me gritó en sus últimos años, quizás porque al fin sólo le quedaban los gritos, y tampoco me gritó aquella noche en el patio. Aquella noche no podía gritar, no podía hablar. Nunca he vuelto a ver a alguien en aquel estado en que vi a mi padre, ese estado previo, un segundo previo a estallar. Pero no estalló allí, no lo hizo conmigo en el patio.

Lo que sucedió a continuación, todo lo que sucedió a continuación, todo lo que habrá sucedido en los cuartos, en el fondo de la casa, todo lo recuerdo de un solo modo: recuerdo la caja de música en forma de dado, como si yo hubiera llegado a meterme allí, allí dentro, entre esos ropajes de terciopelo rojo, junto a ese mecanismo titilante, sólo puedo recordar la caja de música, un tiempo infinito y estático, allí dentro, un aroma especial a tabaco suave, una luz y un aire propio, aislante.

En algún momento, por encima del sonido cada vez más lento del rodillo de metal, o tal vez en algún instante en que di vuelta la caja para darle más cuerda, o tal vez en algún otro en donde miré mi nariz pegada al espejo de la tapa, o tal vez cuando acariciaba con un dedo el fondo de la caja roja, suave, en algún momento de todos esos momentos en donde pudieron haber vidrios rotos, cachetazos, gritos y corridas, pasos, puñetazos, una puerta con llave, otra puerta violentada, en alguno de esos momentos en donde una persona puede destruír a otra, y esta otra destruirla a su vez, y la otra pedir clemencia, y la otra ser despiadada, y en total, momento a momento, describir un camino sin retorno, un recorrido inexorable, como aquel que describía Abelito y que dejó sellado para siempre en un inmenso jardín de un psiquiátrico, más allá de su propia muerte, en uno de esos momentos que no sé describir, porque sólo existió para mí una caja en forma de dado, se superpusieron sonidos externos, el tiempo entonces parecía volver a andar, con gritos, golpes en la calle, y timbrazos, más timbrazos en la puerta de calle. El timbre del garaje, el del jardín, y al fin una caravana encabezada por la tía Pepa, con una *robe de chambre* a cuadros que la hacía gigantesca, la tía Antonia detrás, avanzando como avanzaba ella cuando estaba apurada, es decir, un tentempié a toda velocidad. Y detrás la prima Bibi, y una sola frase que tal vez debería agradecerle, aunque a los siete años poco podía entender de qué se trataba: La prima Bibi me sentó en su falda, puso mi cabeza en su regazo y, con lágrimas en los ojos, gritó: la van a traumatizar.

Quiero decir cuando esto escribo, tan lejos en el tiempo y en la distancia, y en una adultez que persiste en tener un ojo estrábico, que poco entiendo el significado de la palabra trauma. Ni la entendía aquella noche en que al fin vino el doctor Glinstein, aquella noche en que hubo movimientos que no entendí, un bolso que se preparaba y que cargaba en el hombro el Venenito que se secaba una lágrima, y en la que (mientras la prima me mantenía sentada en su falda, en el comedor) de todos modos vi que se llevaban a mi padre, que mi padre se iba del brazo de alguien que yo no conocía, y detrás Glinstein, y así se iba, sin saberlo entonces, se iba para siempre el padre que yo había conocido y me traerían de vuelta otro, un padre taciturno, un padre triste y aplacado, un padre al que yo siempre miraría de lejos, aquella noche en que no sabía que en breve me llevarían a aquella misma ciudad misteriosa con un sendero en el descampado, y me llevarían de la mano por un pasillo largo hasta llegar a una habitación cuadrada, y dentro vería a un hombre llorando, derrumbado; pero ese hombre que extendería su mano hacia mí para que yo lo agarrara, lo rescatara, como un mecanismo desarmado dentro de una caja (como él me rescataba a mí de sus torres de neumáticos), no podía ser mi padre. Y sin embargo aquella noche aquella palabra me hizo sentir una persona importante. Hasta ese momento, ese tiempo que recuerdo fijo, estático, sordo, mudo, sólo cuatro compartimentos acolchados de color rojo, un espejo diminuto, un vacío, ni el aire de mi respiración, creo que fui nadie, creo que supe lo que significa ser absolutamente nadie. Y sigo creyendo, ahora mismo, ahora, en esta semioscuridad, en este silencio tan lejano a aquellas tempestades, en donde sin embargo sigue nítida aquella imagen de mi padre encerrado, derrumbado, que sigo siendo nadie.

No sabría decir si es algo bueno, o algo malo.

II

Era una ciudad. No era sórdida, no era oscura, pero el tiempo se había detenido allí, o el tiempo, como en las cajas de música cerradas, no había empezado a transcurrir.

Ya no coleccionaba coches ni cajas de música, en cambio coleccionaba cáscaras de manzanas. La mesa de la cocina estaba cubierta de cáscaras de manzanas, petrificadas, hasta reventar. También coleccionaba tarros vacíos de miel, frascos de café, cartones de leche vacíos, cajas de galletas, paquetes de caramelos, paquetes de tabaco, cajas de chicles, cajas de zapatos, cajas de lápices, de gomas de borrar.

Mi portera –su casa pegada a la mía, separadas por un pequeño patio rectangular– amenazaba de tanto en tanto con entrar a poner orden y limpiar. Pero no traspasaba la puerta de entrada. Normalmente, por las mañanas, se dedicaba a golpearme la puerta. No eran dos golpes, ni tres. Era algo distinto, una descarga de ametralladora, golpes rápidos y sucesivos hasta que terminaba saltando de la cama y tropezando con revistas, diarios, papeles, cajas, envases, libros, casetes y al fin me encontraba con ella –porte altivo, peinado de peluquería al spray–, que sabía que sólo podía estar durmiendo, extendiéndome un sobre cuyo remitente ya había examinado. Si lo que venía a entregarme era una factura de la luz o del gas, eso ya lo sabía antes de que me empezara a aporrear la puerta. Desde lejos por el pasillo se le oía el qué desastre, nos roban, es un robo, esto es la hecatombe, esto es atentar contra el ciudadano, los únicos que nos vamos a ir al infierno somos nosotros, los pobres trabajadores. Luego que le abría la puerta ni me tomaba el trabajo de mirar el importe, ya me lo decía ella, me lo gritaba, entregándome la factura. Si no era una factura, decía algo como «carta de tu señor padre». Luego se daba la vuelta –algunas veces daba un vistazo rápido a lo que veía por detrás de mi destartalada persona– y se alejaba por el pasillo hasta entrar en su casa.

Mi padre me enviaba cartas breves y puntuales, con su caligrafía enérgica y elegante: en el día de la fecha te hago efectiva la transferencia a través de mi banco. Espero que estés bien. Y en general un aparte refiriéndose a que hacía mucho que no le escribía una carta a mi madre.

Eran cartas que llegaban en forma regular, exactamente una vez al mes, y que amontonaba una encima de otra en un rincón de papeles. Allí había cartas de mi madre, cartas de alguna compañera de escuela que quería saber cómo estaba, cartas de la prima Bibi, telegramas de cumpleaños, invitaciones a casamientos a los que ni se me habría ocurrido asistir. Y encima de todo, una carta curiosa, que tampoco me dignaba a contestar, cuando estaba claro que la carta pedía –como todas las otras– una respuesta. Pero cuando se han amontonado en un rincón tantas cartas sin contestar y muchas de ellas sin abrir lo que se amontona allí es una pirámide de silencio, y el silencio es una construcción mucho más sólida que los gritos o las palabras. Cuando se ha hecho silencio –no lo sabía entonces, porque vivía en el silencio–, será difícil, llevará tiempo, llevarán años salir de ese silencio amurallado, piedra sobre piedra, carta sobre carta, dentro de cuatro paredes de una pequeña casa cuadrada en planta baja, con un pequeño patio rectangular.

Esta carta curiosa no me había llegado por correo, me la había entregado en mano el encargado de la noche de un bar que ya no existe, porque pertenece a una ciudad que no es aquella que yo reconocí, en una esquina a pocas calles de mi casa, de luz amarillenta, abierta toda la noche para taxistas y travestis, jugadores de billar de las cuatro de la mañana, gente a la que le gusta vivir cuando el mundo duerme, y cuyo encargado nocturno era un señor que apenas sobresalía del mostrador, afable y respetuoso, al punto de que, al entregarme aquella noche el sobre en mano, insistió varias veces en que lo disculpara, en que él no quería meterse. Junto a nosotros, la señora gorda que durante el día vendía billetes de lotería sonreía con algo de sorna: Yo así conocí al hijo de puta de mi primer marido.

La miré y miré a mi alrededor, sobre en mano. Tuve la impresión de que la mujer rubio zanahoria del cabaret de 25 de Mayo me espiaba sobre la revista de crucigramas, y que el travesti que atendía las mesas me echaba una sonrisa cómplice. Abrí la carta.

En qué era lo que el encargado no quería meterse. En principio en la búsqueda de gente especial. El autor de aquellas líneas dirigidas a mi persona, que afirmaba ser muy observador, y también noctámbulo, buscaba personas especiales. Lejos del mundanal ruido, él sostenía que los grandes hombres no estaban en el limbo hollywoodense sino en la vida real. El día, afirmaba, el día en que en este país que se hunde en la mierda a pasos agigantados, en este país en donde todos se han complotado para que nosotros, los jóvenes, nunca queramos hacer nada, se den cuenta de que las grandes estrellas no están en las colas de los canales de televisión sino en bares como éste, el cine y el teatro darán un salto cualitativo.

Leí aquellas frases y miré otra vez a mi alrededor. Dos hombres mayores en el billar, algunos taxistas, y el anciano de siempre, delgado y encorvado, de nariz de gancho, que tampoco me parecía un cazatalentos nocturno. Aquella noche volví a casa, sintonicé el programa de radio «Los sonidos del silencio» (curiosamente la locutora, entre canción y comentario a veces chillaba bastante, incluso moqueaba si leía o decía algo que la emocionaba) y tiré la carta en el rincón.

A la mañana siguiente me despertaron unos golpes en la puerta. No era una descarga de metralleta. Eran en cambio unos golpes pesados, uno, otro, como las campanadas de un reloj de péndulo. No tuve más remedio que levantarme para, a continuación, encontrarme con una mujer de pelo largo, bolso de viaje a sus pies y un cigarrillo en lo alto, en el extremo de una larga boquilla. Bestia. Ése fue su primer saludo. El segundo, pedazo de bestia, éstas no son horas de dormir.

La prima Bibi dio un respingo, se cargó el bolso al hombro e hizo su entrada con mala suerte. En el medio de la entrada estaba, en el suelo, la plancha vieja de la tía Antonia, que solía usar como pesa para descargar energía. Nunca conocí a nadie que dijera puteadas tan largas y completas como la prima Bibi. Empezaba con «la recalcada» y seguía con «la remanida» para terminar con mucho más que te parió, que te parió en compañía de tus reverendos abuelos de su madre.

Lo segundo que hizo la prima, después de quitarse la sandalia y acariciarse el dedo al aire, fue contemplar el espectáculo a su alrededor. Su cara revelaba estupor y tedio: «dónde me pongo» «dónde guardo mi ropa» Le señalé el armario junto a la entrada. Es que... intenté, está clausurado. Era cierto, una cañería rota por encima había empezado a gotear desde hacía tiempo, y desde entonces había tenido que vaciar el armario (todo andaba por todos lados) y mantenerlo cerrado para que no diera olor. Al fin conseguí sacar de encima de una mesa pequeña todo lo que había (en verdad sólo revistas de crucigramas), y allí la prima descargó sus enseres, consistentes en dos frascos distintos de cremas, el desodorante, el perfume de día y la colonia de noche, la crema depilatoria, la loción para lucir color de sol, pestañas postizas, alicates, un volumen de Freud, una cosa que después me explicaría que venía a ser un mandala, pintura de uñas. A medida que ella iba vaciando su bolso yo iba despertando, tomando conciencia de que no venía a quedarse un par de días, daba la impresión de que venía a quedarse a vivir en mi casa o, como más tarde lo mencionaría al pasar, a ver qué pasaba.

Y su despliegue no terminaba allí. La prima me preguntaba dónde había perchas, las cuales andaban colgadas por cualquier saliente del cuarto, fuera un picaporte, un clavo o la arista de una ventana. Vestido largo, vestido semilargo, vestido corto, blusas, quimono para andar por casa (no tendría mucha extensión para andar, pensaba yo, y encima se iba a tropezar con cualquier tipo de cosa a cada rato), pantalones, cinturones con hebilla dorada, cinturones con hebilla plateada, collares de distintos colores y lo que en principio me pareció una mascota de la suerte o algún tipo de fetiche peludo. Era una peluca, una media melena, aclaró la prima. Cuando por fin acabó de acomodar todo el despliegue de vestuario y peluquería, la prima se sentó en la cama y bufó: Tu madre dice que te diga que qué te hace falta.

Supongo que lo que me haría falta en aquel

momento era un serrucho, para aserrar el suelo a mi alrededor, caerme en el sótano, en brazos del hombre que eternamente arreglaba las cañerías de la casa. Pero la prima, despatarrada en mi cama, abanicándose con una revista que se había traído para el viaje, sólo estaba pendiente de su porvenir, el cual consistía, en ese momento, y a sus veintinueve años, en «dar un paso», «lograr algo», «vivir mi vida» y otra larga serie de frases que venían a resumir lo que en ese momento pude entender: que la prima estaba harta de la familia, que la prima estaba harta de su novio, que la prima estaba harta de su profesión.

La prima Bibi había terminado la carrera de medicina, a pesar de que el profesor de Anatomía, según sus palabras, la tenía atragantada. Cada vez que iba a dar el examen el hombre volvía a reprobarla, y la prima hasta llegó a ir con peluca para que no la reconociera. Y así sin aprobar nunca, sin pasar el año, hasta que mi padre tomó cartas en el asunto: llamó al profesor y lo trató de chupacirio, retrógrado, reaccionario, obsoleto, dictador, represor, imbécil y carcamán, lo amenazó con sus abogados y con sus contactos con la policía, los cuales en verdad no existían, a no ser una vez que había echado a los gritos de la gomería, con un revólver descargado, a un policía que pretendía que le hiciera precio, en tanto el Venenito intentaba sujetarlo. Luego, mi padre solía recordar a quien oyere, dedo en alto, que en su juventud había pertenecido a una organización clandestina de izquierda llamada Insurrexis, y de aquello le venía su cuota mensual y vitalicia al Partido Comunista, y también se lo recordó a ese policía de civil, fascista represor, ignorante y pulguiento, aunque el Venenito se metiera en el medio y le aclarara al policía que no le hiciera caso, que lo había agarrado en un mal día y demás, mientras el policía sólo asentía y afirmaba: me las vas a pagar, me las vas a pagar.

De todas maneras, sin contactos con la policía, aquí estaba la prima, diploma de médico y con la intención de especializarse en psiquiatría, que sin embargo necesitaba verse a sí misma, abrir juego, y no sé cuántas expresiones más que terminó de explicarme, a la una de la mañana, yo personalmente en un estado psicofísico como si me hubieran sedado a porrazos, en el bar abierto toda la noche.

No sólo me explicó sobre esta decisión vital, también se refirió a mi decisión vital. Mi prima estaba despampanante, con un vestido sin mangas y un chal de colores, y seguía con su conversación, me miraba de repente de soslayo y a la vez perspicaz. Sí, sí, se me notaba, se veía en mi mirada cómo me había alejado del círculo vicioso. Círculo vicioso, eso entraba en el vocabulario de absorbido y cortado, me empezaba a temer. Tu padre, dejaba salir, está otra vez un poco maníaco. Porque supongo, agregaba mientras buscaba algo en su bolso, que serás consciente de que un maníaco depresivo no se cura jamás. Sí, sí, yo hacía bien en estar lejos de mi grupo familiar enfermo. «Un maníaco depresivo no se cura jamás», podría ser un título de una película de Fassbinder, pensé, núcleo familiar enfermo, también al diccionario, y me preguntaba lejos de qué estaba, y sólo se me ocurría que estaba lejos de mi aparato de radio, en donde en breve empezaría el programa «Los sonidos del silencio», lejos de mis manzanas, lejos de mi pesaplancha.

La prima elevaba la boquilla, mirando a su alrededor, hasta que alguien se acercó solícito. Era un tipo de apariencia normal, joven, quizás con cierto aire prolijo y sospechosamente sano de pertenecer a algún grupo católico, y sin duda atolondrado, porque en el momento de encenderle el cigarrillo a la prima apretó el encendedor al revés. Era evidente que intentaba disimular que se estaba muriendo de dolor –el dorso de la mano enrojecido– , a la vez me echaba una mirada de reojo, mientras encendía correctamente el cigarrillo a mi prima. Miré al encargado: me miraba serio, las manos apoyadas una sobre otra en el mostrador, y alzaba las cejas repetidamente; me pareció un signo enigmático en medio de un velorio. Cuando todavía se podía evitar la catástrofe el buscador de talentos nocturno estaba sentado entre nosotras, conversando animadamente con la prima Bibi. Así que primas, dijo, sí, es evidente que hay familiaridad. La prima Bibi sonreía exultante, era su primera noche en una gran ciudad, su primera noche en Buenos Aires. Buena señal, parecía decirme su gesto. Es tímida, le advirtió al individuo que a su vez me sonrió con una complicidad de la que yo no tenía noticia.

Era suficiente para mí, pero no para los otros dos, que intercambiaban impresiones sobre sus vidas, trabajos e inquietudes. Nuestro nuevo amigo no sólo se dedicaba a buscar talentos nocturnos, también buscaba papeles y cartones que luego vendía a un revendedor. De aquello vivía. Supimos aquella noche que la recolección de papeles y cartones era una mafia bien organizada, y que él se defendía pese al boicot de los más veteranos. Además de esto, que era inprescindible para su supervivencia, acababa de conseguir una subvención para su espectáculo músico teatral.

La prima Bibi alzó las cejas impresionada. Qué clase de espectáculo, de qué se trataba. El otro hizo una pausa, desvió sus ojos de la prima Bibi hasta mi persona y a continuación dijo: La india Pachamama.

Tal vez esperaba impresionarme con la palabra Pachamama, porque de hecho volvió a decirlo: Me apasiona la figura de la Pachamama.

La palabra Pachamama me remontaba a la escuela primaria, en donde tenía una vaga idea de haber hecho bromas con las compañeras sobre la india Pachamama, refiriéndonos a una profesora de actividades prácticas que tenía los pies muy grandes y llevaba zoquetes. Pero cuando la prima Bibi afirmó tajante, a mí también, es una figura que siempre me inquietó, me asaltó la intución de que entrábamos en una zona inaudita. Miré hacia el mostrador otra vez, y ahí estaba el gesto de velorio de mi pequeño amigo.

Horas después, cuando la prima estuviese durmiendo en mi cama y yo en un colchón en el suelo, intentaría entender cómo era eso de que la figura de la Pachamama había inquietado siempre a la prima, a quien yo recordaba verla inquietada únicamente por una sucesión de novios que solía abandonar por teléfono. Primero se escribía un guión en un papel, marcaba el número y empezaba a hablarle al novio, leyendo sus frases sobre nuestros caminos que se bifurcan, te considero una buena persona, valiosa y sensible, pero yo soy así, nadie puede evitar ser lo que es, a veces me gustaría haber nacido de otra manera. Estas llamadas solía hacerlas en casa, para que su madre (la tía Pepa) no le estuviese encima con ay pobrecito, con lo bien que me caía, con lo que yo lo apreciaba.

Pero la prima había afirmado que la figura de la Pachamama siempre la había inquietado.

La Pachamama, según el diccionario enciclopédico que abrí aquella noche (y que había ganado en un concurso de juegos de ingenio del programa «Los sonidos del silencio»), es en el norte argentino la diosa de la tierra. Es la Madre Tierra, la imagen de la fuente inagotable de fertilidad, la Gran Madre, a la que veneran todos los sembradores cada año. Es por eso que la iconografía de la Pachamama es la de una mujer monumental, con pies enormes, pechos desbordantes, generosos y pesados. Una mujerona nariguda con brazos en jarra que cada año –según la leyenda– aparece desde su mundo oculto para recibir las ofrendas de sus hijos.

Recordé que aquella profesora de actividades

prácticas –que solía devolverme las tareas diciendo desastroso, espantoso, horrible, lo hizo con el codo, refiriéndose a mi muñequito relleno o al bordado en punto cruz con rositas rococó–, tenía además de aquellos pies largos una nariz gruesa con una verruga. Era una mujer de permanente mal carácter que sólo se mostraba amable con las que le entregaban las labores bien hechas, es decir, las alumnas que se pasaban la hora contentas y charlando, mientras cosían, pintaban o tejían. Las otras, las que nos sentábamos al fondo, nos dedicábamos a tirarnos con bolas de espuma, a enchastrarnos los delantales o a hacer dibujos generalmente obscenos. Yo había olvidado a esa mujer y, sin embargo, iba viendo a medida pasaba la noche y seguía yo despierta y a oscuras, que esa mujer me había hecho sufrir realmente, en especial con el conejito de pañolenci relleno de espuma.

El día en que tocaba entregarle las labores, ella nos llamaba por lista, examinaba el producto y ponía una nota. Cuando me tocó ponerme de pie, recordaba, todas mis compañeras empezaron a reírse, evidentemente, de mi conejito de pañolenci que yo llevaba no sin cierto orgullo. Había ido a hacerlo a casa de la tía Antonia, que me había ayudado en el bordado del hocico y los ojos. La tía Antonia me había dicho al final muy lindo, muy lindo. Sin embargo, la profesora fijó la vista, ante las carcajadas crecientes de la clase, y sólo dijo ¿qué es esto? ¿un sapo? El resto del día nos pasamos jugando a la pelota con el conejito sapo, pero lo cierto es que para la semana que viene yo debía llevar un conejo bien hecho, que pareciera un conejo.

Volví a instalarme en casa de la tía Antonia, y volví a pasarme la tarde entera luchando con una aguja y un hilo grueso, cuidando el formato de las orejas, largas, lo que indudablemente identificaría a mi labor como a un conejo. Pero cuando la profesora volvió a sentarse en su escritorio y llamó por lista, y cuando me adelanté con mi nuevo conejo, esta vez me encontré con que la clase entera se tiraba al suelo de la risa, e incluso la profesora Pachamama tuvo que taparse la cara. No lo entendía, la tía Antonia me había dicho qué lindo, qué ternura, pero en cambio la profesora agarraba mi conejo por la parte que venía a corresponder al tronco y lo achuchaba como a una pelota de pelota al cesto. Y eso fue lo que dijo, llévelo al departamento de educación física, la semana que viene traiga un conejo o se va a marzo. Se va marzo, eso significaba todo el verano, todo el verano de arriba abajo cosiendo conejos, bordando carpetas, pintando platos de barro, fabricando una caja costurero, haciendo un portalápices enrollado en hilos de felpa, encuadernando con terciopelo, pinchando placas de metal, haciendo dibujos con tinta china.

Ese mismo día me fui a la casa de la tía Antonia, llorando. También estaba la tía Pepa, y entre las dos, además de las exclamaciones de qué profesora tan mala, qué se cree torturar a la nenita, se dedicaron a hacer un conejo tres veces más grande de las medidas que había pedido la profesora Pachamama. La tía Antonia cosía a máquina, indignada –ya va a ver, no es justo, no es justo–, la tía Pepa dibujaba el hocico y los ojos, con una sonrisa pícara y al fin, el día señalado, tuve que llevar a la escuela una bolsa aparte con el conejo más gordo de toda la clase, de orejas tan largas que todo el mundo me miraba pasar. Era rojo, con la parte interior de las orejas verdes y el hocico y los ojos rosas y blancos. Además, la tía Pepa había decidido que se trataba de un conejo bebé, de modo que le había hecho un pañal de flores que llevaba atado a la cintura. La tía Antonia, por su parte, había encontrado un chupete de un muñeco viejo y se lo había colgado.

Cuando llegó la hora señalada me puse de pie (todas mis compañeras decían ahhhh, ohhhhh), me adelanté con mi conejo y la profesora, luego de examinarlo con sonrisa irónica dictaminó. Muy bien, excelente, me lo llevo a casa para mi sobrino.

Intenté un pero.... es mío... no es justo, pero la profesora ya se lo había metido en su bolsa y lo tenía muy claro. Le dice a su madre o a su abuela o a quien sea que muy bonito, y se lo llevo a mi sobrino, ¿o se quiere ir a marzo?

Así que ése era el recuerdo de mi profesora Pachamama, el cual, notaba, me era difícil disociar de la leyenda de la india Pachamama.

Fueron aquéllos días distintos. La prima iba y venía conociendo Buenos Aires, ciudad que le parecía «fascinante», pero también se ocupaba de la casa, lo cual según se mirase era una catástrofe. Pero mi portera estaba encantada. Había entrado, las dos se habían quedado observando el armario clausurado: qué desastre, esto hay que abrirlo y ventilarlo, fue el comentario de mi portera, mientras yo me tapaba la cabeza con la almohada y ellas seguían con que ahora estaban arreglando otra vez, que todas las cañerías de la casa estaban en mal estado, que paciencia. La prima en tanto se había dedicado a cambiar todas las luces quemadas, a arrasar con todas las cáscaras de manzanas petrificadas de la cocina, a buscar y no sé de dónde sacó un perchero para sus ropas. Además de eso, mantenía la ventana del patio siempre abierta, desde las nueve de la mañana, lo cual me enceguecía y me producía un estado de encandilamiento acompañado de estupidez. Luego, se dedicaba a ordenar todos los rincones, de modo que se pasaba el tiempo mirando papeles y preguntándome que dónde lo pongo, esto qué es. A veces leía algo y entonces tenía que explicarle que eso era, por ejemplo, el texto del concurso del programa de radio, el cual consistía en que la locutora leía en voz alta el principio de una supuesta novela y ganaba el que le enviaba el supuesto mejor final. O explicarle que eso que tenía en la mano era el final de *Los hermanos Karamazov*, que me lo había copiado, ¿copiado para qué? Bueno, copiado, en verdad solía copiarme a mano cantidad de párrafos de novelas o de obras de teatro, no sabía por qué los copiaba, tal vez era la única manera de no perder lo que de otro modo perdería, aunque no supiese bien qué se conservaba en mí de una sola frase de Chejov, o del monólogo final de Tom en *El zoo de cristal*, encima una sola frase de alguna obra de Chejov, al lado una nota sobre un momento de algún relato de Hemingway que no quería olvidar.

La prima a veces leía en voz alta alguno de esos textos: «Llévese de aquí a Irina Nicoláievna, Konstantín Gavrílovich se ha suicidado». Los leía con intención, con sentimiento: «...y me detengo en la ventana iluminada de una juguetería. Los animalitos de cristal...». «Un golpecito en el cristal, como si hubieran tirado algo; luego un caer ligero y amplio, como de granos de arena lanzados desde una ventana de arriba, y por fin, ese caer que se extiende, toma reglas, adopta un ritmo y se hace fluido, sonoro, musical, incontable, universal: llueve.»

Era preferible que hiciera eso y no, como sucedió una tarde, verla con un sobre en la mano. ¿Y esto? Era una carta dirigida a mi persona, de una compañera de escuela, y la prima me preguntaba por qué estaba cerrada. Le contesté al pasar que tal vez me había olvidado de abrirla y me metí en la cocina. Al momento apareció, esta vez con tres cartas sin abrir, y me señaló dos: éstas te las escribí yo.

Esa noche tuve entonces que acceder a un deseo de mi prima, que además de insistir en que teníamos que volver a aquel bar que le había gustado tanto, también estaba interesada en la gran oferta de comedias musicales. De modo que asistí a un espectáculo colorido en donde las chicas con maillots se desgañitaban y los varones se movían como en un gimnasio, pero gesticulantes. Me pareció algo excesivo lo que llegaba la gente a agotarse durante dos horas en un escenario, para decir, «siempre te amaré», «yo soy el primero y soy el mejor». La prima, en tanto, extasiada por el despliegue, sacaba fotos y quería quedarse a la salida a saludar al bailarín principal.

Y volvimos al fin a mi bar, en donde ya no podría entretenerme copiando párrafos. Recuerdo que entré sin mirar a nadie y me senté de evidente mala leche en la mesa de la ventana. Y al momento mi prima dijo, frente a mí, mirando a quien no quería ver: ¿y qué tal va el espectáculo? Quien no quería ver volvió a sentarse entre las dos, como lo había hecho aquella noche. Antes intentó un no interrumpo, no, que ni me molesté en contestar. Tampoco me molesté en contestar si hacía un poco de frío, o si habíamos leído a Jack Kerouac. Entre la comedia musical y que la prima me abría la ventana a las nueve de la mañana, me encontraba en perpetua imbecilidad. No habla, dijo al fin el cazatalentos, mirando a mi prima. Tengo sueño, dije, y la prima saltó con que no era posible, si siempre me quedaba despierta hasta la madrugada. Se cree que no me doy cuenta, le dijo al otro, de nombre Edgard, pero ella se queda despierta, con la radio baja, y escribe. Edgard me miró encantado. ¿Escribe? En verdad no era una pregunta, era para él la ratificación de lo que ya daba por supuesto. Sí, ganó un concurso, siguió la prima. Pero es idiota y no se lo cuenta a nadie.

Aquella noche volvimos a casa, la prima pellizcándome el brazo para que reaccionase. ¿Qué tenía de malo? ¿Por qué no podía probar? En la vida hay que arriesgarse de vez en cuando. Yo debía salir de mi encierro, de mi no acción paralizante, de mi catatonía. Catatonía, palabra que se agregaba a lipotimia, negro mundo, hemorroides, maníaco, depresivo, Fassbinder, Strindberg; mierda de diccionario.

La odiaba, pero más que nada me odiaba a mí misma. De tan harta y hasta asqueada, en lugar de ponerme de pie y salir de ese bar, había primero mirado al encargado, que esta vez sonreía –y me parecía una sonrisa de resignación en un velorio–, y luego dejé salir, con agotamiento, como quien dice llueve, «me gustaría saber en dónde vive la Pachamama». Edgard me miró muy serio. Me preguntó a continuación si podía repetir la pregunta. Eso, aclaré de evidente mal humor, si la Pachamama aparece una vez al año, y de lejos y como un fantasma, el resto del año dónde vive, ¿en qué ciudad? En alguna ciudad tiene que vivir.

Edgard tragó saliva, parecía emocionado. Excelente pregunta, una excelente pregunta, es la pregunta que sólo puede hacer un escritor. Ése, agregó con énfasis, ése es el punto de partida que tiene que tener mi espectáculo. Llevo meses buscándole la vuelta, y ahora ¿ven cómo todo sale cuando tiene que salir? Ella da en el clavo. Y mirándome grave, repitió, en el clavo.

La prima ya roncaba hacía rato, y yo en tanto, sentada en la cocina, dibujaba una ciudad. Tenía junto a los papeles una carta que había llegado ese mismo día. Era la carta de siempre, anunciando transferencia, pero esta vez había dos líneas más, elegantes, respetuosas. Tengo entendido que estás un poco apesadumbrada. Me preocupa. Espero que vengas pronto a visitarnos. Y en la posdata, mi padre me decía que por asuntos del negocio tenía en mente hacer un viaje a Buenos Aires.

La dejé en un rincón (maldije a la prima Bibi, sin duda responsable del «tengo entendido») y pensé que sería muy improbable que mi padre viniera a Buenos Aires. Habían pasado muchos años desde la última vez que mi padre había hecho uno de esos viajes. No era probable, tal vez era sólo un deseo de volver a los viejos tiempos, o tal vez qué. No lo sabía, no tenía por qué saber. Me encogí de hombros y seguí dibujando un esbozo de ciudad subterránea, de barro, de madera, de troncos. La ciudad de la india Pachamama.

Y no quedó solamente en el dibujo de una ciudad.

La india Pachamama, según la versión que fui hilvanando noche a noche, vivía en una ciudad de grutas, subterránea, iluminada por antorchas, inspiradas en la llama de la tumba del soldado desconocido en el Monumento a la Bandera de Rosario. Una ciudad de grutas y túneles que daban a nuevos túneles, por los que la india Pachamama, la madre de la tierra, se paseaba día y noche, si no estaba sentada en su gruta habitual, pensativa, meditabunda. Tenía todos los días del año con sus noches para meditar. Y además no distinguía la noche del día, lo cual le importaba un pepino porque, como ella afirmaba, la luz del sol para los que les guste el sol. Ella era la Madre Tierra, pero una madre, afirmaba en sus meditaciones en voz alta, de cara al público, fumando una pipa larga y rugosa, no tiene por qué hacerse cargo de todas las instancias de la vida de su hijo, en este caso su hija, la tierra. El sol, la lluvia, las tempestades, la luna, los meteoritos y el granizo no eran su problema. Ella como madre ya había hecho lo suficiente por su hija, que en verdad sólo le había devuelto chucherías, abalorios, inutilidades, sobornos baratos, la única vez al año en que ella se dignaba a subir a la superficie, cuando esos sembradores ignorantes y miserables le ofrendaban todo eso, y aquí la Pachamama señalaba a su alrededor, todo eso que ya no tenía lugar donde meter. Para qué quiero tanta mierda, se preguntaba de cara al público, los brazos en jarra.

Porque en efecto, la escenografía de la Pachamama mostraba que su cueva gruta estaba abarrotada de obsequios de todo tipo. En primer plano, y allí la Pachamama se dirigía, un conejo de paño, verde y rojo, que ella sacudía por las orejas. A quién se le ocurre regalarme un conejo. Parece una liebre, o un sapo. Y esto, para qué sirve esto, refiriéndose a una estampa de san Cayetano. Y todas esas medallas, y todas esas cacerolas de todos los tamaños, y cucharones, y flores de plástico.

Pero eso todavía era un borrador. Cuando Edgard acabó de leerlo se mostró conforme, interesado. Sólo que ahora faltaba desarrollar esta problemática. Fue la prima Bibi quien tuvo la idea, según Edgard, «disparadora». El día de la madre, dijo y largó el humo con aire nervioso y de mal humor. Es el día de la madre, pero ella esta vez no quiere salir a recibir las ofrendas de los sembradores. Y ahora los dejo que me están esperando.

La prima Bibi esos días estaba inquieta. Había conocido un novio, médico, al parecer en eterno plan de divorciarse. Había días en que me comentaba que su novio la iba a llevar a pasar un fin de semana fuera, pero luego se quedaba en casa, en quimono, y resoplaba aburrida. Yo solía arrinconarme en la cocina, con la radio y con mis papeles sobre la Pachamama, pero de todas maneras era inevitable oír sus ufff, qué asco, bueno, me voy a poner a leer algo, y al momento se oía que había tirado el libro por alguna parte. Luego, las noches que se quedaba en casa no daban lugar a conversaciones realmente interesantes. Noches atrás, cuando salía al baño y entraba en la cocina me la quedé mirando. Se estaba metiendo en la cama, eso no tenía nada de particular, sólo que llevaba los ojos pintados. Normalmente iba pintada, se hacía unos *dégradées* muy artísticos, y a veces llevaba pestañas postizas. Tuve la mala idea de preguntarle si no era mejor quitarse el maquillaje para dormir. Me miró con asco, un asco profundo. Nunca se sabe, contestó. Nunca se sabe qué, le pregunté. Nunca se sabe, contestó impaciente. Puede venir alguien, hay que estar preparada. Me quedé desconcertada, no me atrevía a preguntarle preparada para qué, y ella de todos modos, gritando (me pareció una especie de mujer satánica con los ojos negrosazulados), me completó la respuesta: Un ladrón, un violador, lo que sea. Y dándose la vuelta, acomodando la almohada, agregó: Yo siempre estoy preparada.

Fue entonces, cuando se puso de pie en el bar y la vi allí, a punto de ir a encontrarse con ese novio que la tenía a maltraer, que se me ocurrió la idea brillante. Miré a Edgard y dije: Ella hace de Pachamama. Edgard respiró hondo para acusar el impacto, y la prima me miró de arriba abajo, entre espantada, indignada; tenía todo el aspecto de que le iba a dar uno de esos ataques de impotencia y que iba a arremeter el bar a puñetazos.

Pero no me dejé impresionar. Ella hace de Pachamama, repetí, si no hace de Pachamama no escribo nada.

Las pupilas de Edgard se movían a toda velocidad, un tic que le veríamos cada vez más a menudo. Ya le había oído decir algo de «casting», de «marketing» y de «impacto», como si de repente se tratara de una superproducción. De modo que fui al grano: ¿No era que lo tuyo era buscar talentos nocturnos? A mi prima la encontraste en un bar nocturno, y por si no te diste cuenta todavía, es un talento, todo un talento.

La prima Bibi ahora me miraba ceñuda y extrañada, tal vez –y tenía yo conciencia– ésta era la frase más larga que me había oído decir desde que había llegado a mi casa. Lo mío ante todo había sido monosílabos, dos frases seguidas como mucho. Y últimamente nada, además de decirle me voy a encerrar en la cocina, hasta luego, no, no quiero café, no, no quiero comer.

Y ahora, dije envalentonada, te vas a sentar y te vas a quedar con nosotros, porque falta mucho que resolver de la Pachamama.

La prima Bibi resultó una Pachamama conflictiva y exigente, no por eso falta de talento, incluso fue profesional. Durante los días siguientes tuve que soportar sus visitas en la cocina con problemas como el de la nariz. ¿No podía ser que no tuviese esa nariz? Ella, que se había emocionado con todas las comedias musicales, ahora resultaba que iba a protagonizar una, pero con una nariz larga, gorda y verrugosa, con unos pies postizos de treinta centímetros y unos pechos, también postizos, que tendríamos que rellenar con espuma, como el conejo de paño.

Durante los ensayos, ya con el atuendo pertinente, la prima cada tanto tenía algún arrebato de furia, o porque se olvidaba la letra, o porque Edgard –que resultó un director con innegable espíritu dictatorial– la acosaba con indicaciones. No no, no es eso, no salta, la Pachamama no salta de un lado a otro como una estrella del musical, no no, tampoco se cuelga de las vigas ¡no es Tarzán!, ¡es la Pachamama! La prima en esos momentos se quedaba quieta, colorada como un tomate y a punto de estallar. Pero yo había sido previsora, y le había escrito hacia el final a la prima un ataque de impotencia y dolor, como los que tenía en casa, y de hecho la Pachamama enfurecida, perseguida por los basiliscos depredadores –cuatro bailarines más bien escuálidos que hacían una coreografía que me recordaba a las danzas de Batman–, empezaba a arremeter al fin con el conejito de paño, que Edgard había hecho fabricar a su hermana, que hacía de vestuarista. ¿Pero por qué un conejito? Tiene que ser un conejito, había dicho yo. Pero yo en casa tengo un osito que quedaría muy bien, replicaba la hermana de Edgard. Pero yo había leído que Chejov no le daba demasiadas explicaciones a Stanislavski sobre el por qué de algunos aspectos de sus obras. Y yo tampoco. Tiene que ser un conejito, y tiene que ser verde y rojo, con un pañal, y un chupete.

No fue en total un asunto fácil. Edgard se quejaba de que la obra no acababa de tener cohesión. En los ensayos se quedaba de pie, frente al proscenio, con un gran papel en donde había hecho esquemas, cuadros sinópticos, subapartados, nexos y contranexos, así los llamaba él, y sólo él se podía entender. Aunque a veces la prima se acercaba y le discutía: me estás diciendo que actúe el contranexo, pero yo creo que esto es el nexo. Edgard tragaba saliva y volvía a darle indicaciones, aunque algunas veces perdía la paciencia, andaba de un lado a otro hablando en voz baja y repitiendo que mi prima le quería boicotear el proyecto. En cuanto a mí, de a poco se le perdía la mirada de cazatalentos y en cambio me miraba de soslayo y con un algo de hastío. Alguna noche a la salida de un ensayo Edgard me había invitado a tomar un café. Se pasó todo el tiempo intentando profundizar en determinados aspectos de la vida, entre ellos cómo sobrevivir en un país que sólo intenta desmoralizarnos hasta aplastarnos. Yo sé, dijo en determinado momento, que no te gusta hablar de tu persona. Y eso me gusta, pero... A mí también, contesté. Sin embargo Edgard no acusó recibo y siguió adelante. El teatro, así lo entendía él, era disciplina de conocimiento, y de autoconocimiento. Él había superado trances difíciles gracias al teatro. Yo no pienso superarme, contesté, y al fin Edgard pagó la cuenta y salió delante de mí, sin sostenerme la puerta, que casi me dio en la nariz. No todo el mundo, afirmó antes de alejarse, lo consigue. Y esta vez ni siquiera esperó a que le preguntará consigue qué. Y de aquello no pasó mucho a que durante los ensayos no explotara únicamente con mi prima. Cierta noche se volvió y con voz de pito exclamó neurasténico, dando un puñetazo en el escenario: lo que pasa es que la autora de esta obra no tiene idea de lo que es PRINCIPIO, NUDO Y DESENLACE.

Al menos mi prima se había olvidado bastante de su novio médico, y en lugar de eso le costaba dormir por la noche, nerviosa porque el día del estreno se acercaba y ya se sabe, Edgard lo afirmaba, los actores sufren siempre como si siempre fuera la primera vez.

El día del estreno el asunto del principio, nudo y desenlace de la Pachamama no estaba muy resuelto. Aunque Edgard, durante los ensayos se la había pasado gritando, principio, adelante, y después de un rato, nudo, ¡ahora te toca actuar el nudo!, éste es el meollo de la problemática de la Pachamama, y adelante, y al fin desenlace, creo que la prima Bibi no lo veía muy claro.

En verdad no era tan difícil, era el día de la madre, el problema era que esta vez, por primera vez en milenos, desde que el mundo era mundo, desde que la tierra era tierra y la Pachamama era su madre, no iba a salir a la superficie porque estaba harta. Harta de este mundo que sólo le devolvía chuchería hipócrita, sobornos para todo el año. Pero entonces, un gran trastorno se producía en la tierra, al ver los sembradores que la madre, la Gran Madre, no aparecía. Desde fuera se oían gritos de mama, mama Pachamama, que vienen los basiliscos depredadores, si usted mama, no sale, la tierra se nos vendrá encima. Que se venga encima, a mí qué me importa. Mama, insistían desde fuera, no nos deje, soy yo, Venancio Romero, que el año pasado le regalé una cacerola de bronce. Ah, sí, reía la Pachamama socarrona, la porquería de cacerola que se oxidó. Mama, mama, seguían desde fuera, le traje de regalo una medalla de San Ceferino Namuncurá. Qué suerte, pero mejor traeme la de la Difunta Correa, contestaba Pachamama, qué medalla ni porquería, estoy harta de medallas, yo quiero un televisor color, que para algo me paso el día entero haciendo nada acá abajo. Mama, era otra voz desesperada que intentaba convencerla, soy Eusebia la del Pancho, que le juro por la Virgen que si usted no sale yo me moriré de pena. Ah, sí, asentía Pachamama, de pena, ¿y se puede saber por qué te vas a morir de pena? ¿Se puede saber, Eusebia, ya que sos tan versada y leída, qué cosa mala te va a pasar si yo no salgo? A ver, desafiaba la Pachamama riendo, qué te va a pasar si yo no salgo. No sé, Pachamama, las peores cosas, contestaba Eusebia. Las peores cosas, repetía la Pachamama, manga de miedosos, maricones, culos fruncidos...

Y por el enorme desequilibrio que provocaba la ausencia de Pachamama, entonces sonaban truenos, rayos, centellas, los basiliscos depredadores hacían su aparición y entonces sí se comprendía que la Pachamama era mucho más que una figura a quien obsequiar y olvidarse de ella el resto del año. No, la Pachamana sufría un mal milenario, profundo, porque ella, a diferencia de los demás mortales, nunca había sido hija. Desde que tenía memoria había sido madre. Ella era al fin su propia madre y su propia hija. Y se comprendía ahora como una madre imprescindible, fuerte, poderosa, total.

El desenlace de la obra había sido muy discutido con Edgard, pero al fin ganó mi versión, la cual me venía inspirada del primo Eladio, que se pasaba el tiempo en demandas de divorcios de la misma mujer. El primo Eladio algunas veces me sentaba en la falda y me contaba un cuento. Eran cuentos entretenidos que evidentemente se los iba inventando a medida que hablaba. Comenzaba con unos maleantes corriendo por la bajada del Monumento a la Bandera, los policías que iban detrás, hasta que ellos lograban despistarlos, sólo que uno tropezaba y se iba a dar de cara, de jeta, decía el primo, y las tías gritando Eladio, no le cuentes esas cosas a la criaturita, la va a traumatizar, comentaba la prima Bibi, de jeta, seguía él, ¿y qué le pasaba? ¿Qué le pasaba? Suspenso, Eladio pensaba, yo también: se quemaba toda la cara en la llama de la tumba del soldado desconocido. Toda la familia gritaba, qué horror, qué horror, la tía Antonia se enojaba por que me estaba asustando, pero ahora los otros maleantes habían subido al ascensor de la torre del Monumento, subían a toda velocidad, cada vez más rápido, pero entonces ¿qué pasaba? Que el cable del ascensor se cortaba, todos los maleantes precipitándose desde la cima hacia abajo, el cordón policial con el hombre desfigurado esposado, chorreando sangre y carne podrida esperando abajo, y entonces, entonces. Entonces... Y ése era el momento esperado. Porque el primo Eladio podía contar cuentos de maleantes o de príncipes, de animalitos o de piratas, pero todos tenían el mismo final, un final que ya era esperado, con miedo, los hombros encogidos, la respiración cortada, cuando venía ese final, signo de que al primo se le había terminado la inspiración: Entonces, y el primo elevaba un dedo, amenazante: cayó la bomba atómica y reventó todo.

Del mismo modo el final de la Pachamama era el fin del mundo. Ausente la madre tierra, la tierra volaba por los aires.

El día del estreno la prima estaba tan nerviosa que, raro en ella, no hablaba. Edgard iba de un lado a otro del pequeño teatro como un rayo, porque última hora a un basilisco depredador le había tocado el turno noche en el bar en donde trabajaba, y mi prima que hasta ese momento no había abierto la boca, mientras se ponía el relleno en los pechos, la nariz, repetía una y otra vez, no voy a poder, no voy a poder.

Y al fin, después de los abrazos de Edgard, asegurando que confiaba en ella, se apagaron las luces y, al encenderse las del escenario, el público se encontró con una hierática, rotunda y vociferante india Pachamama que, en principio, empezó como debía empezar, quejándose de su vida solitaria y de su casa llena de chucherías. Hasta allí, muy bien, luego, no es que la prima no hiciera paso por paso lo que se había marcado en el espectáculo. Lo hizo todo, pero en lugar de que todo durase una hora, como se había cronometrado, lo hizo en la mitad. Iba a tal velocidad por el escenario, que los basiliscos depredadores, que antes hacían de duendes invisibles de la soledad, casi no tuvieron tiempo de cambiarse. De nada servía que Edgard desde bambalinas le gritara que parase, que no tan rápido, que desesperadamente le marcase nexo, esto es el nexo, principio, no nudo, es todavía principio, ya vendrá el nudo, basta, ¡basta! Nada, la prima iba a velocidad del rayo por todo el escenario, y al fin arremetió, media hora antes, con uno de sus ataques de impotencia y dolor, tirando a la platea el conejo, toda la utilería, las cacerolas y las medallas, y luego la pared de cartón piedra que remedaba las paredes de la gruta. Y casi se tira ella del escenario a la platea.

De todos los comentarios al fin, en los camerinos, el mejor fue el de mi portera: Muy lindo, ¿de qué trataba?

Días después del estreno me desperté y, raramente, no vi a la prima por ningún lado. Mi ventana, además, seguía cerrada.

En la cocina, junto al conejo del espectáculo, encontré una carta escrita por ella, que en principio me recordó las que le enviaba a sus novios cuando quería dejarlos. Era una carta en letra pequeña, tímida, en donde me agradecía todo lo que yo la había ayudado en este tiempo. Esta experiencia le había servido para saber mucho sobre ella misma. Y se volvía a Rosario.

En la posdata me ponía que, de vez en cuando, escribiera a mis padres.

III

Hago un esfuerzo de concentración, cierro los ojos, e intento imaginar un rincón sin mármol y sin foto. Antes de entrar el ataúd allí dentro, uno de los amigos que jugaban a los naipes con mi padre tropezó en una escalinata. A su lado había un señor de su misma edad –más de setenta años–, con boina y zapatillas blancas, que también había ido allí a despedirlo. ¿Cuántas veces mi padre también había trastabillado en la calle, por la casa, por los baños de los sanatorios? Junto a él, otros amigos del club, del negocio, el Venenito llorando a lágrima viva, y mi madre del brazo de la prima Bibi.

Y un hombre que en principio no reconocí, entre los amigos del club. En verdad era idéntico a como lo recordaba, cuando aparecía en su Torino rojo, con sus floreros extraños y sus camisas de colores. Sólo que ahora era canoso. Se mantuvo todo el tiempo tratando de ser jovial, con un optimismo irritante, golpeándome la espalda para infundir ánimos: La vida sigue, Adelante, Vamos, vamos, no hay que dejarse caer, al punto de que en algún momento tuve la impresión de que nos había venido de director técnico de la selección y no al entierro de mi padre. Tal vez, porque debe ser duro el haber invertido esfuerzo, ideas, entusiasmo e imaginación para diseñar y construir una casa en donde ya no iría a vivir nadie, una casa en donde mi padre había dado carta blanca para que él, el arquitecto, pusiera en juego todo su atrevimiento, todas sus novedades de los sesenta, todo eso que había construido y ahora veía derruir.

Sin embargo no podía tomarlo en cuenta en ese momento, ni había podido tomar en cuenta a otras personas que venían a darme el pésame, y que me habían dicho cuánto lo apreciaban, cuánto le debían a mi padre. En cambio desviaba la vista del grupo, atraída una vez más por esa ciudad de muertos que había descubierto alguna vez, también de la mano de mi padre.

Una ciudad a la que habíamos entrado un domingo por la mañana, y que desde su portal enorme dejaba ver, anunciaba, casas y palacetes que no había visto en mi vida y que no podría haber imaginado que existían en mi ciudad. Sólo en las ilustraciones de *El ladrón de Bagdad* había visto algo así, y ahora, avanzando los dos por un ancho sendero, flanqueado con palacetes de mármol, con estatuas blancas, me encontraba en un lugar de cuentos en donde, tal vez, en cualquier momento vería pasar una alfombra mágica. Le señalé a mi padre, recuerdo, una casa –un panteón, me aclararía más tarde– en donde una estatua de mujer yacía recostada, en las escalinatas, como entrando o intentando entrar a duras penas, como si hubiese tenido la mala idea de empezar a morirse fuera de su casa, y todo lo que quería era entrar y morirse dentro. «Rodríguez Fuentes», leyó mi padre en voz alta, el nombre labrado encima de la puerta. Fanfarronadas, aclaró, y seguimos andando, perdiéndonos por nuevas calles de esa ciudad maravillosa, en la que mi padre seguía leyendo los nombres y apellidos de los panteones, como leía desde el coche «Helados La Montevideana», «Calzados Guglielmo».

Y entonces mi padre me llevó a una escalera, luego subimos otras, y desde arriba vi completa esa ciudad que yo no podía creer, con cúpulas doradas, otras de techos planos y negros, tejados circulares o acabados en punta. Era una ciudad desierta, hechizada, lujosa. Mi padre me apretó la mano para seguir adelante, por el pasillo de nichos, y llegamos hasta donde estaba mi madre sentada. Mi madre no nos dijo nada, en cambio se puso de pie, acomodó el arreglo de gladiolos que enmarcaba la foto de la abuela andaluza que no pudo acabar el moño porque la arterioesclerosis se volvió aguda antes de morir, y se quedó mirando, absorta, las fotos de los dos, de sus padres. Luego hizo algo extraño, se dio un beso en su mano, en los dedos de su mano, y a continuación puso la mano en el mármol, algo que me produjo el efecto de un macabro fenómeno paranormal. Un beso era un beso, pero un beso en la mano, la mano en la piedra, había algo extraño, horroroso, que estaba haciendo allí mi madre, sin saberlo.

Me fui junto a mi padre que, apoyado en la baranda, se fumaba un cigarrillo, como quien está tomando fresco en el balcón de su casa. Le agarré la mano y me quedé allí contemplando esa ciudad dorada, por la que podría pasar un derviche, o tal vez un genio en una alfombra mágica. O tal vez cuervos, águilas que posaban sus patas en la capa de una doncella con velo y la levantaban alto y se la llevaban. Y por encima de todos ellos una figura enorme que cubría el cielo con sus brazos extendidos. Eso era Dios. Hasta entonces Dios era Dios mío, Dios nos libre y guarde, Dios te va a castigar, dicho en la escuela cuando alguien hacía algo malo. Pero en esa ciudad, aunque mi madre me tiraba del moño del vestido de terciopelo de domingo para que me sentara junto a ella, en el banco –no quería, no quería ver su fenómeno paranormal, ni su monólogo murmurado frente a las tumbas de sus padres, ni sus ojos vidriosos, como cuando miraba en la televisión al hijo descarriado que lloraba en el lecho de su viejita–, en esa ciudad yo estaba absorta porque por primera vez pensaba que Dios era alguien, el alguien que le había dicho a Abraham vete de tu tierra y de la casa de tu padre. Si miraba fijamente esa ciudad, si entrecerraba los ojos, la ciudad se volvía turbia y en brumas, como en aquel viaje en tren a Buenos Aires, y en esas brumas sobrenaturales Dios se distinguía como una sombra gigantesca, porque Dios conocía a mi padre. ¿Acaso mi padre no sabía lo que le había dicho Dios a Abraham? Era Dios el que le hablaba al derviche sobre una alfombra mágica, era Dios un hombre enorme, una figura que acabaría abarcando todo el cielo y le diría al águila que acababa de atrapar a la mujer del velo suelta a esa mujer, libérala. Tal vez la voz de Dios retumbaba en esas calles de césped y ladrillo, aunque en verdad lo que retumbó a continuación fue la voz de mi padre: Vamos a comer.

Mi madre dejó de mirar fijamente el nicho de sus padres, se volvió a mi padre con un fondo de rencor, y yo a mi vez volvía a fijar la vista en esa ciudad que, también al fin, me atraía mucho más que el dolor de mi madre cuando ponían, encajaban, ese ataúd.

Vamos vamos, dijo el arquitecto, mientras yo seguía con la vista desviada, y mi madre se dio la vuelta y luego la prima Bibi, y las dos menearon la cabeza: no era rencor, era otra cosa de naturaleza irreparable, porque una vez más yo desviaba los ojos y la mirada definitivamente estrábica hacia una de esas tantas ciudades que no llevan a nada.

Antes de eso, pude haber vivido en una ciudad verdadera. Pero me temo que pasó de largo.

Una mañana, después de haber dormido tres horas, con la cabeza espesa y la vista nublada (mi prima Bibi había tenido razón, yo comía porquerías y nada más, y desde que ella se había ido volvía a comer porquerías y nada más) me encontré parada en el andén de la estación esperando el tren de las once de la mañana.

Y el tren no llegaba, tal vez porque yo había llegado demasiado puntual, pero no llegaba, y quizás no llegaría, por algo estaba sola en ese andén, quizás no era real, yo no había saltado el día anterior de la cama con la descarga de ametralladora de la portera, no me había quedado atontada frente a sus gritos de telegrama, telegrama, que no sea nada grave, ni había descifrado con los ojos pegados las pocas palabras : Llego día doce en el tren de las once de la mañana. Asunto, negocios. Botón de oro de Firestone.

Pibe. La voz de alguien que me sacó de esa bruma por un momento; era un hombre andrajoso, en el andén vacío, que me pedía algo para comer. Pibe. De modo que cuando mi padre bajase de aquel tren lo que vería sería a un pibe esperando. ¿Por qué seguía vacío el andén? ¿Por qué allí no había nadie más esperando? Busqué algo en donde verme reflejada, me arreglé la camisa, me sacudí los pantalones (mi padre se cepillaba los pantalones antes de salir, y algunas veces me llamaba cuando estaba por salir y me cepillaba los zapatos y el abrigo), y en ésas se oyó algo ininteligible por altavoz, a la vez que un pitido lejano: y de repente de la nada un punto, un punto que se hacía más grande, que ganaba volumen y color, amarillo, amarilla era la locomotora de aquel tren en el que jamás me había fijado, amarilla y negra, lanzaba humo y se venía cada vez más enorme y arrolladora, como si no pensara en que tenía que detenerse allí. Pero se detuvo, como un gran animal que de a poco y porque quiere disminuye su fuerza, largando humo por la nariz, y en ese momento dejó de meterme miedo y me pareció inofensiva, seguida de una interminable hilera de vagones marrones, con ventanas de persiana.

Y ahora a mi alrededor había gente, gente que había salido de algún lado (ellos sabían cómo había que conducirse en las estaciones, yo no) y se confundía con la gente que empezaba a bajar, y entre todas esas personas arrastrando bolsos, o con un pequeño bolso de mano, entre todos los que se saludaban naturalmente, que se daban palmadas y comenzaban a andar –ciudadanos, mundanos, cosmopolitas, acostumbrados a ir y venir en ese tren como si nada–, vi, agitando mi cabeza entre otras cabezas que no me dejaban ver, vi a pesar de ver nublado, vi muy nítido y enfocado cómo desde su inefable vagon *pullman* mi padre bajaba, a la vez que se despedía de algún jefe de servicio, o de algún inspector. Bajaba intrépido, elegante, le daba la mano al hombre asomado y yo seguía viéndolo cada vez menos de lejos, el maletín negro, los zapatos negros brillantes, el traje azul oscuro impecable.

No había podido evitar asustarme por ese modo de salir al andén, y no había tenido tiempo ni de decirle torpemente hola, mientras mi padre sonreía a la vez que las orejas se hacían eco de ese movimiento, y que le hacía una seña al hombre al que acababa de saludar; es ésta, dijo señalándome con la cabeza, es ésta. La autora de teatro, confirmó el hombre y yo sonreí también, en medio de una ráfaga de confusión, y seguía sonriendo andando por el andén, y también me volvería a asustar por su manera de andar ya por la calle, de llegar a una esquina de tráfico de infierno y en el momento de cruzar, mi padre, campechano, dejaba que las trompas de los coches casi lo rozaran, y no eran los coches los que pasaban antes que nosotros sino que mi padre, en un acto de generosidad e hidalguía, los dejaba pasar. Papá cuidado, habré dicho, pero tampoco lo decía muy convencida, yo también pensaba que esos coches no iban a hacerle daño alguno a mi padre, y que en definitiva nada ni nadie nos haría daño a mí ni a mi padre, andando ahora más lento, mi padre con una mano en mi hombro, mirando a su alrededor, la Torre de los Ingleses, leyendo ya desde el taxi los carteles luminosos en voz alta, «Air France», «Winterthur» y al fin el cartel elegante del hotel de siempre, aquel hotel a donde habíamos ido en aquel mi primer viaje a Buenos Aires, y que ahora –a pesar de haber pasado por allí algunas veces– por primera vez parecía decirme algo.

Bajamos del taxi, saludamos al botones de la entrada y a poco de atravesar el hall alfombrado –entre el movimiento de pasajeros y a la vez de unos hombres de uniforme que trasladaban cuidadosamente una enorme estatua blanca– vi que el conserje, un hombre de la edad de mi padre, daba un rodeo por el gran mostrador de madera hasta llegar a él y se daban uno de esos abrazos que duran años, en donde las manos de las dos personas se palmean las espaldas haciendo ruido. Era un abrazo que me sonaba a algo, y al momento tuve que taparme la boca porque esos abrazos me recordaron las bromas de mi padre con Perón, y de hecho a cómo –al fin, después de tantos años amenazando con «el hombre volverá»– lo abrazaban a Perón al regresar a la Argentina. El conserje afirmaba recordarme de cuando yo había estado allí, bajando y subiendo en el ascensor (ya me acuerdo, la trajeron para que la viera un médico), yo asentía, retrocediendo un poco mareada por el movimiento a mi alrededor y porque aquella tontería de Perón me había causado gracia, hasta sentir que algo me tocaba la espalda, en tanto mi padre allí mismo abría el maletín ejecutivo, le hacía una señal al botones y le daba el paquete de yerba Flor de Lys, el mate y la bombilla con incrustaciones de oro. Para mañana cuando me levante, aclaró dejándole una propina. A las cinco.

Mi padre siguió hablando con el conserje de los cambios que habían habido en el hotel, de las reformas que todavía estaban haciendo –el conserje le pedía disculpas por tanto movimiento, señalando alrededor– del dueño que se había muerto, del consorcio que dirigía en su lugar. Parecían haberse olvidado de mi persona, en verdad los dos se olvidaron por completo de mi persona y seguían hablando, aunque yo hacía esfuerzos por seguirlos atentamente, a la vez que intentaba de reojo adivinar qué era lo que me estaba rozando la espalda –y al parecer era esa estatua tres veces por encima de mi cabeza–, y ellos seguían ahora con lo cambiada que iba a encontrar mi padre la ciudad. Ya no es lo que era, le decía el conserje, Corrientes es una ciudad muerta, ya no era aquella de luminarias y teatros de revistas, la ciudad que nunca duerme. Ya vería mi padre qué diferencia. Y si a mi padre se le ocurría pasear por la Avenida de Mayo iba a ver qué deteriorada estaba, qué distinta, qué oscura. Buenos Aires reflejaba estos malos tiempos, y yo pensaba cuándo habían habido buenos tiempos y por qué motivo desde que me acordaba los buenos tiempos habían sido antes de que yo tuviera memoria o antes de que yo hubiera llegado, a la vez que de repente intentaba deshacerme de algo que me estaba penetrando exactamente en la oreja derecha y que entendí que podía ser una saliente de esa estatua blanca, hacia la que sin darme cuenta había seguido retrocediendo. Si alguien alguna vez ha soportado que otro le meta un dedo en la oreja sabrá que es bastante desagradable, pero si además se trata de un dedo de una estatua se ha de decir que es bochornoso. Y bochorno era lo que sentía intentando descolgarme la oreja de eso que tenía que ser un dedo (disimuladamente, con pretendida elegancia), cuando sentí a continuación que esa misma cosa que me tenía atrapada por la espalda se tambaleaba. No podía darme vuelta, me sentía como un corte de vaca colgando en la carnicería, en teoría una estatua es algo bastante más estable y sólido que una persona de un metro cincuenta y ocho de estatura, pero a ésta, cada vez que intentaba un movimiento para librarme por fin de su dedo en mi oreja, se movía a su vez. O era una estatua hueca, o yo estaba por destrozar una pieza gigantesca y millonaria dejada allí mientras, como ahora veía de reojo, los dos hombres de uniforme a mi izquierda se secaban el sudor de la frente y las manos. Tampoco me atrevía a pedir ayuda –ahora el conserje le comentaba a mi padre que en la costanera ya no se servía la carne de aquellos tiempos–, miraba insistente de reojo a esos dos hombres para que me prestaran atención, y al fin pasó un botones con sombrero verde a quien miré desesperada. Pero el botones sólo me sonrió amable –de modo que ni pude concretar mi pregunta, o mi pedido, por favor, sujete a esta cosa para que me descuelgue de ella–, se acercó al conserje y le dijo algo al oído, y éste a su vez se palmeó la frente. Me había olvidado, dijo, ya están, los señores de la Firestone, lo están esperando en el restaurante.

Mi padre no pareció contrariarse. Sonrió de costado y con un punto sarcástico que me parecía no ocultaba cierto nerviosmo y orgullo y dijo: me van a condecorar, y yo también sonreí con orgullo, pero tampoco podía asentir como el conserje, porque seguía colgando de una oreja. Pero sentía orgullo, y ahora, una vez que alguien me descolgase, íbamos a comer con los directivos, tal vez serían los mismos que yo recordaba y que decían «Qué niña más bonithau», o tal vez otros, mi padre había mencionado poco antes que se reuniría con un tal Ballard. Mi padre se volvió, me miró de arriba abajo allí colgada, en una posición algo ladeada y el cuello rígido y sentenció, después de largar aire por la nariz, como cuando a la salida de la gomería me miraba las rodillas negras: Te espero a las cinco. Hasta luego. Y se alejó andando elegante y rápido hasta una puerta de cristales que le abrió otro botones de sombrero verde, y se perdió en un salón del que colgaban arañas.

El conserje me miró y al fin, titubeando, tartamudeando, le dije que no estaba en mis planes destrozar la decoración, y como el hombre me miraba sin entenderme lo único que se me ocurrió decir fue si sería tan amable de informarme, quién había sido el escultor de tan imponente estatua.

A las cinco menos cinco me encontré nuevamente frente a la misma estatua, ahora mirándola de frente. Era una mujer de pelo largo vestida con una túnica, que señalaba hacia la conserjería. Pero en la conserjería no había nadie. Anduve por el hall y me asomé por la puerta de cristales, al salón comedor. Estaba semioscuro, vacío, sin embargo desde algún lado venía la voz inconfundible de mi padre. Algo similar me había pasado hacía unos años, pero en un hospital de Rosario. Mi padre había ido a parar a la unidad de terapia intensiva, porque según él estaba al borde del infarto. La prima Bibi me aclararía después que de infarto nada, y el dolor en el pecho era por fumar. Llegué allí desde Buenos Aires, esperando lo peor, imaginándomelo dormido y con un suero y una máscara de oxígeno, y cuando me acerqué a la entrada de la sala de intensiva su voz ya se oía desde fuera, como lo oía ahora antes de entrar a ese gran salón. Mi padre estaba hablando con un enfermero, que le contaba algo de su dura vida laboral de enfermero. Cuando me acerqué a su cama mi padre me sonrió ufano, me presentó a Ismael, que estaba sentado en una banqueta, muy cómodo. Es el hermano de Bielsa, me señaló mi padre, el de los rulemanes. El enfermero Ismael parecía de vacaciones en aquel lugar, o más bien, ahí sentado con los brazos apoyados en las piernas, en el banquillo suplente. Recuerdo que intenté que alguien me explicara algo, pero entonces el hermano de Bielsa se sacó un paquete de cigarrillos del bolsillo y le convidó uno a mi padre. Pero papá, dije, cómo vas a fumar. Y allí mi padre se llevó una mano al pecho en un gesto de dolor, como si le hubiese dicho algo que lo hería en lo más hondo de su ser, gesto que repetiría cada vez que yo le dijera algo que no le gustaba, algo como papá no grites que el hombre de al lado se está muriendo, papá no grites que esto es terapia intensiva, pero papá por favor ¿se puede saber qué estamos haciendo en este lugar?

Esta vez no se llevó ninguna mano al pecho, y además ni me vio. Estaba sentado solo, con el diario desplegado, leyéndolo en voz alta. Me pregunté seriamente si eso era normal, que una persona leyera los titulares de esa manera, como si fuera el conductor de un programa de noticias en medio de un salón vacío: Última hora... luego reflexionaba, ahá se calzaba mejor los lentes y seguía adelante: Nueva York, una familia.... Una pregunta no brillante, desde que tenía memoria recordaba que algunas madrugadas, si por alguna razón me encontraba despierta, oía a mi padre a las cinco de la mañana, lo oía encender el fuego y lo oía hablar solo, rumiando sus pensamientos en voz alta.

Estuve un rato observándolo, a ver si en verdad él me había visto y ahora me estaba haciendo una broma. Pero no era broma. Al fin me le acerqué, mi padre levantó la vista y sonrió: La bolilla que faltaba. Me senté, en tanto mi padre hacía un comentario sobre mi elegancia. Evidentemente me tomaba el pelo. Y se lo dije, no me tomes el pelo. Horas antes, al conseguir descolgarme de la estatua había vuelto a mi casa, había buscado entre la montaña de cosas en el suelo la planchapesa de la tía, y ahora llevaba una blusa y un pantalón con la raya impecable. También me había lustrado los zapatos. Mi portera había dicho al verme salir, bueno bueno, esto sí que es una chica y mi padre ahora sonreía divertido, contento. El nuevo botón de oro en el ojal era un poco más grande que el anterior y llevaba sus iniciales. Se puso de pie, elevó un dedo como cuando empezaba con alguno de sus discursos pero sólo indicó: Vamos a tomar un café al paso.

Eso, lo de tomar un café «al paso», era una de las cosas que más le gustaban. Lo hacía sentirse un hombre despreocupado y mundano. Y así, después de andar un rato nos encontramos apoyados en una barra, entre cigarrillo y cigarrillo –que jamás apagaba en un cenicero sino que lo pisaba como un compadrito– y de a poco empezaba a tener lugar una charla casual, mano a mano. Porque desde que mi padre había puesto el pie en el andén de la estación hasta ese momento no había encontrado en él un solo comentario que reflejara extrañeza, desconcierto, incomodidad, algo que viniera a señalar que era ésa la primera vez, tal vez desde que yo tenía siete años, que amenazábamos con iniciar una conversación larga, extensa, variada. Nada de eso señalaba él, que tampoco me preguntaba por qué dejaba pasar tanto tiempo sin ir a Rosario, y que en cambio actuaba como si siempre nos hubiésemos tratado así:

Escuchá, y se acomodaba en la barra, o miraba a alguien a su lado, me dice Venenito, déme un vale que no llego. Y allí mi padre reía de costado. No llega, en el bingo de la calle Santa Fe, se lo gasta en el bingo o se lo gasta en El Cairo. Y al momento daba un sorbo al café, se ponía a mirar alrededor, y luego se volvía hacia mí serio, el semblante preocupado: ¿Te parece que hice mal? Le di la mitad, ¿hice mal? No, papá, no, reaccionaba yo al fin, tardía. No, no, si se lo gasta todo en el bingo. Sí, afirmaba seco mi padre dejando un billete en el mostrador, haciéndole señas al mozo para que se guardara el vuelto y de allí salíamos, y nos íbamos a otro bar, a otra barra, a caminar un rato más y a otra barra nuevamente, como dos expedicionarios en medio de una gran ciudad que no nos asustaba.

Porque en efecto, fuese la avenida más ancha del mundo, o una calle de aquella en donde los chorros de los acondicionadores de aire nos caían en la cabeza, mi padre avanzaba natural y conocedor del terreno. Acá, me señalaba, vinimos una vez con tu madre, mostrándome una confitería elegante, de manteles rojos. Tu madre, seguía, andando él un poco adelantado, distrayéndose con gentes, carteles, coches, sin abandonar el fluir de sus pensamientos, tenía yo que escribirle a mi madre, cartas largas, que la entretuvieran. Sí, asentía yo, y mi padre se volvía, me escrutaba un momento, no decía nada. Aunque rato después, apoyados en la barra de otro bar, mi padre alzaba las cejas y decía en voz baja, algo enigmático: Está muy ofendida. Dice que le tomaste el pelo, tu prima le contó lo de la Pachamama. Pero papá, eso es una obra, una porquería de obra. Sí, concluía mi padre, pero ella es muy sensible. Y al momento largaba una carcajada seca, mirándome con un brillo en los ojos que yo no podía creer que eso fuera orgullo, pero él decía, je, la Pachamama.

Y hablando de Pachamama, retomaba rato después en la mesa de un bar que imitaba a los antiguos bares de la época del Café Tortoni, cuánto te pagaron por esa obra. Yo bajaba la vista disimulando una sonrisa, mi padre meneaba la cabeza resignado. El arte, comentaba neutro. La bohemia, seguía reflexionando, las aletas de la nariz que se movían independientes de lo que mi padre estuviese haciendo o mirando, fuese el mostrador lustrado, con una máquina de café antigua como decoración o los mozos con delantales hasta los tobillos.

Y al momento mi padre continuaba hablando: Me dice el novio de tu prima. El ex novio, aclaraba yo. Sí, el ex, ahora se separan a cada rato. Me lo encuentro en El Cairo y me dice, págueme el café y mañana se lo devuelvo. Y allí mi padre sonreía socarrón, porque ese mañana nunca había llegado. Es un bohemio, confirmaba, resignado, como resignado me contaba rato después, caminando por la plaza de los Tribunales, que Sánchez seguía igual, o peor, siempre lo mismo, si eran las siete y él estaba cambiando un neumático en la calle, que el neumático se lo guardara su abuela. Por no hablar de Eladio, que se había ido a esconder al negocio porque lo estaba persiguiendo la amante. Y mientras me contaba eso de repente mi padre se quedaba mirando a alguien que pasaba a su lado, un tipo con el pelo medio verde y parado. Es un punk, explicaba yo. Un punk, repetía mi padre, asintiendo. Momentos después nos quedábamos mirando, dentro de una galería, un local de aeromodelismo. Ves, le señalaba yo, ves los aviones de colección. Y allí nos quedábamos un rato, mirando una maqueta, o coches diversos de distintos tamaños. Hace mucho, reflexionaba mi padre, que no me regalan tractores. Y así al pasar yo le preguntaba cómo le había ido en la comida con los de Firestone. Mi padre hacía un gesto ambiguo, bien, decía al fin, vamos por Florida.

Cruzábamos, buscábamos la Avenida Santa Fe,

y desde allí, entre luces y bocinazos, seguíamos adelante sin decirnos nada. Por momentos, cuando entre el gentío yo perdía de vista a mi padre me asustaba, no sabía por qué, era una inquietud, un algo inexplicable, al punto de que en algún momento cuando volví a verlo delante de una disquería no pude evitar un gesto de impaciencia, por favor, dónde te habías metido, pensé que te había pasado algo. Mi padre se encogía levemente de hombros y me señalaba un póster gigante: ¿Éste quién es? ¿Este no es Charlie García? Y así seguía mirando otras fotos de otros, según sus palabras, cantores. Las miraba interesado, sin emitir juicio, la foto de alguna rockera con el ombligo al aire y desmelenada, la foto de algún gordo de barba y lleno de medallas.

Y con ese espíritu expedicionario seguíamos mirando negocios de collares y carteras, amuletos con formas extrañas, anillos con caras de búhos, camisas estampadas, una casa de máscaras y pelucas, un negocio de animalitos de cristal y relojes, librerías (ése te lo compré cuando cumpliste doce años, y ése), un salón de belleza gigantesco. Mi padre dio un chiflido, mirando hacia dentro, el amplio salón, los secadores de último diseño, las lámparas colocadas en forma estratégica, las empleadas con uniformes de pantalones a rayas. Si lo viera tu madre, dijo, seguimos adelante y en la esquina nos detuvimos frente a un gran local, iluminado y de colores. Mi padre pensó un momento, en esa esquina antes había una confitería muy elegante. Sí, él había estado en esa confitería hacía años. Daban un café excelente, con unas masas dulces que traían en bandeja a la mesa para elegir, para comer algo, todo, y después lo cobraban. Pero ya no estaba allí esa confitería, sino eso que a mi padre o bien lo divertía o más bien lo consternaba. Entremos, bromeé con cierto tono travieso, pero mi padre se lo tomó en serio y así nos metimos en uno de los primeros locales de la cadena McDonald's, y sobre la música estridente le pregunté a mi padre qué quería. Un café, por supuesto, a la vez que miraba a su alrededor las fotos gigantescas de hamburguesas, los dibujos del ratón Mickey, las mesas y las largas sillas de plástico. Y volví de la barra con dos cafés, y por un momento, viéndolo a mi padre allí, riendo de costado, sin saber dónde sentarse, tuve la impresión de que no sólo él se sentía desfasado en el tiempo, yo también lo estaba. Sin embargo mi padre esperaba mis indicaciones, daba por supuesto que yo frecuentaba ese McDonad's, porque era yo quien vivía en esa gran ciudad que en teoría dominaba de arriba abajo, y que por tanto yo sabía qué era lo que teníamos que hacer. Nos sentamos cerca de una ventana, mi padre miró la bandeja de colorinches, los dos vasos de cafés de plástico y las dos barritas también plásticas. Nos miramos, le pregunté si sería capaz de tomarse el café en eso. ¿No dan tazas normales?, me preguntó. Me parece que no. Mi padre asintió y a continuación buscó una manera de agarrar ese vaso sin quemarse, y al fin me encontré en la barra preguntándole a un empleado de gorro anaranjado si por casualidad no tendrían una taza de verdad. ¿Una qué? Una taza de verdad, me entiende, una taza, con manija, la cual al final, gracias a la buena voluntad del empleado, apareció debajo de una caja registradora. Es mía, aclaró la cajera, a mí también me da asco tomar cosas con plástico.

Aquella tarde vimos anochecer desde esa ventana de ese lugar que nada tenía que ver con nosotros, con música estridente, niños que se sentaban con bolsas de hamburguesas gigantes, mi padre y yo entre divertidos y extraños. Mi padre miraba hacia fuera, me sonreía, me preguntaba una y otra vez si no quería comer algo. Y había pausas, no eran incómodas, eran simplemente pausas. Hasta que mi padre miró el reloj y dijo que íbamos a cenar en el restaurante del hotel. Pensaba, dije tímidamente, que tenías que cenar con los de Firestone. Por la cara de mi padre me pareció ver pasar una nube negra: No, contestó con cierto aire de distracción.

Nos pusimos de pie, decidimos dar otra vuelta para hacer tiempo hasta la hora de la cena, y así entramos por Florida, a mirar la Galería del Este. Allí, me señalaba mi padre, me había comprado una vez un avión de colección. Y al lado, miraba, al lado una cartera para mi madre. Ya no hay hippies, decía. Antes había hippies sentados en el suelo, a un hippie le había comprado un collar para la prima Bibi. Y luego pasábamos frente a un cine, y mi padre se quedaba mirando la cartelera, leyéndola en voz alta. Examinaba las fotos, hacía una señal con la nariz como si estuviese olfateando algo, y me miraba tratando de entender por qué había tanta gente esperando entrar. No sé, insinuaba yo, porque es musical. Mi padre asentía, la nariz se le movía nuevamente, como si estuviese reflexionando algo más, y seguíamos adelante, pasábamos por delante de un restaurante asador en donde había en la entrada una vaca embalsamada. Y sin saber por qué yo le hacía una seña a mi padre y le tocaba el hocico a la vaca, mientras el hombre vestido de gaucho en la entrada permanecía imperturbable. Mi padre decía no, no molestes a la gente, pero rato después habíamos llegado a la entrada del Cabildo, porque queríamos saber si estaban allí los granaderos, nada más que por eso de querer pasar por delante, a ver si saludaban, a ver si se reían, a ver si decían algo. Pobres pibes, reflexionaba mi padre momentos después, y buscábamos la diagonal para desembocar otra vez en el Obelisco. Entonces había que cruzar la 9 de Julio, y era el momento en que teníamos que buscar la senda peatonal, aunque si hubiera sido por mi padre la hubiéramos cruzado por cualquier parte. Y allí estábamos, pasando frente a los teatros de revista, mi padre frente a un cartel que anunciaba un musical, el que habíamos ido a ver con mi prima, con las chicas en maillots y los hombres con mallas ajustadas. Mi padre miraba la foto del protagonista, con un maillot que le marcaba todo, no decía nada, seguíamos inspeccionando más adelante, sin duda buscando en otra marquesina alguna foto de una vedette, con plumas, despampante, una nueva Nélida Roca o Nélida Lobato. Pero nuevamente nos encontrábamos con otro musical, en donde las fotos de las mujeres a lo sumo mostraban las piernas, pero por lo demás vestían a lo Liza Minnelli en *Cabaret*. Ya no había vedettes en Buenos Aires, y sin embargo, andando cansados, porque llevábamos horas andando de un lado a otro sin temer a las distancias, ahora Buenos Aires era todas las ciudades juntas, la ciudad de neumáticos polvorienta por donde yo me aventuraba sin miedo, entre torres cilíndricas, con los bolsillos cargados de petardos. Y era también la ciudad vertiginosa que había conocido siempre en el coche de mi padre, sentada atrás, agarrada a su cuello, esa ciudad en la que se me hacía un nudo en el estómago, cuando mi padre arremetía la bajada del Monumento a la Bandera y llegábamos a la orilla de un río sin límites ni cauces, el lugar de todas las posibilidades. Y así íbamos mi padre y yo, como dos aventureros, tal vez dos exiliados, al fin dos colegas porque los dos, lejos ya no sabíamos de qué ciudad, andando por otra que tampoco sabíamos cuál era, nos entendíamos, estábamos hechos de la misma pasta. Los dos perdidos y solos, a la vez grandes, formidables, éramos iguales. Lo que había quedado atrás no nos importaba.

Esa noche al fin nos sentamos a nuestra mesa reservada bajo una araña de caireles azulados.

Mi padre leía en voz alta el menú, como antes

había leído el diario. El *maître*, el mozo, esperaban a discreta distancia con las manos en la espalda. Mi padre leía, interesado y didáctico: entrecot a la *maître* de hotel, y lo leía con marcado acento francés, haciendo sonar las erres. Se lo veía cómodo, un poco cansado, pero cómodo. Y así, mientras el personal esperaba que decidiéramos, le pedía a mi padre que leyera más platos en francés, hasta que pedimos por fin.

Era él sobre todo el que hablaba. Sus preguntas iban desde por qué no había querido rato antes que me comprara aquella pulsera, por qué no llevaba reloj, o si había ido a algún oculista por el ojo estrábico. Y qué pasaba con las cañerías de la casa. La prima le había dicho que había problemas. ¿Había hablado ya con el dueño? No, ni siquiera se me había ocurrido que tenía que hacerlo, y mi padre se quedaba serio, algo contrariado. Y antes de que trajeran el vino ya me lo había preguntado, parsimonioso, cauto, porque la prima le había dicho que yo estaba triste y sola, ¿era cierto eso? Pero si yo había estado triste y sola no lo recordaba, porque ya no, ya no lo estaba. De modo que le hacía un gesto despectivo a mi padre, que acaso no sabía que mi prima decía muchas tonterías. Sí, terciaba él, sí, sí. Y así, mientras el personal del restaurante venía a dejarnos el vino, las ensaladas, mi padre hacía una breve referencia al ayudante, luego se volvía y al pasar me preguntaba si no me había dado por fumar marihuana, yo le contestaba que no, que era muy cara. Mi padre se reía también, atacaba el bife de chorizo y reflexionaba en voz alta. Todo es muy caro, sin embargo él estaba pensando en buscar un local más grande para su negocio. Y tenía planes para el futuro. A Sánchez le iba a buscar un ayudante, al Veneno le iba a dar más responsabilidades, eso estaba claro. Y Eladio, el primo Eladio estaba sin trabajo, reflexionaba, a lo mejor era hora de que se lo llevara al negocio. Ahora que había hablado con los de la Firestone lo tenía más claro. Además iba a tener que seguir viniendo a Buenos Aires. Y así seguía, comiendo y explicándome con voz grave y modulada sus proyectos, sus contrariedades, y en eso se le caía en la corbata una gota de salsa. Pero no estaba allí mi madre para arreglarlo, y de todos modos, yo también me encontraba con que se me había caído algo encima, tal vez porque los dos no terminábamos de saber conducirnos en ese restaurante cinco tenedores, en donde el personal de servicio llevaba guantes blancos, en donde cada vez que se agotaba el vino de una copa venía alguien a escanciarla, en donde cada vez que miraba a mi alrededor había alguien dispuesto a venir de inmediato. De hecho, al momento estaba el ayudante del *maître* con un pañuelo y un tarro de talco. A ver pibe, decía mi padre, limpiándose. Me parece que esto no sale. Bueno, que me lo lave tu madre.

Y en ésas me preguntó por mi blusa, la que llevaba puesta. Dónde me la había comprado. Le contesté que era muy vieja, que me la había hecho la tía Pepa. El semblante de mi padre se ensombreció, como antes se le había ensombrecido al preguntarle si no tenía que cenar con los de Firestone. Pero no dijo nada. Seguimos comiendo, en silencio, hasta que mi padre me miró ceñudo al ver que dejaba comida en el plato.

Entonces vino el mozo a recitarnos la carta de postres, y se me ocurrió decir que yo no quería postre. Mi padre pidió el suyo y me miró esperando, yo repetí que no quería postre, pero mi padre volvió a mirar al mozo que a su vez dijo, con tono algo pedante: La señorita me dice que no quiere postre. Perdón, terció mi padre, ¿usted conoce a la señorita? El mozo me miró desconcertado, no, no, no la conozco. Mi padre asintió: la señorita, siguió, le informo que no tiene voz ni voto. Es imberbe. El mozo intentó una disculpa, parece una chica buena, eso parecía querer decir. Yo a su edad ya tenía una empresa, concluyó mi padre. Así que va a comer postre. Yo resoplé, mi padre se encendió un cigarrillo y largó humo por la nariz. Cuando nos trajeron los flanes mi padre ni pareció darse por enterado. Sin embargo dos veces me indicó que me comiera el flan, y todo. Y tuve la mala idea de contestarle. Al fin y al cabo hacía casi tres años que vivía sola y nadie me obligaba a comer nada. Mi padre sentenció que ya «la otra imberbe de tu prima» se lo había contado.

Le pregunté a mi padre qué era lo que le pasaba. Sentenció: Esas mujeres a mí no me aprecian, y lo dijo intentando controlarse. De hecho yo recordaba algunos saludos secos y sin mirar de mi padre a las tías y a la prima, y recordaba muy bien el modo despectivo en que mi prima, ni bien había llegado su primera noche a Buenos Aires, había hablado de mi padre. Y ahora mi padre no quería hablar, se acomodaba la servilleta, y pasaba a comentarme con tono vivaz que tenía pensado ir a su pueblo, que hacía mucho tiempo que no iba a su pueblo a ver a su hermano. Mozo, otro café, dijo impaciente, se encendió un cigarrillo cuando acababa de apagar el otro. Y el flan ni lo había tocado. Los ojos le brillaban, y mucho más cuando se refirió a mi madre, a quien perdonaba porque siempre había sido sumisa. Ella es buena, pero es muy sumisa, y esas mujeres le han carcomido el seso. Lo decía intentando perdonar, comprender, pero en verdad el gesto y la voz de mi padre me mostraban que empezaba a no perdonar. Tuve el oscuro presentimiento de que no iba a perdonar nunca, que eso era una ira contenida, vieja. Pensé en ese momento sentada frente a él en aquellos sus discursos bíblicos, y vi en su persona a aquella persona de Jehová que él relataba, cuando castiga a los hombres por tanta mentira y tanta violencia y les envía un Diluvio.

Ahora volvía a decirme que se arrepentía de haber dejado pasar tanto tiempo sin ir a su pueblo, de haberse olvidado de su hermano mayor. ¿Cómo se llamaba el baile de tu pueblo?, le pregunté, desafiando su memoria. Mi padre meneó la cabeza, no, no, no se acordaba. Teneme el nene, le recordé y mi padre sonrió. Porque eso era lo que decían las mujeres casadas y madres de familia a sus maridos cuando las sacaban a bailar. Qué memoria, rió mi padre y en ese momento adelantó su mano para alcanzar la botella de agua, yo a mi vez extendí la mía para dársela y chocamos. Fue entonces que sin pensarlo, con la botella bailando peligrosa entre medio, le agarré una mano. Se la agarré un momento, mi padre siguió hablando, se soltó, y a la vez pasaba algo que no era una ilusión, sino que de verdad frente a mis ojos se le desvanecía ese dolor que tal vez le venía de mucho antes de la rama andaluza de la familia, que tal vez le venía de no sé yo qué infancia en su colonia judía, o qué adolescencia en una ciudad que llegó a levantar a los trece años. Y ahora estaba aquí, tan solo, y de repente mi mano agarrando la suya me mostró que simplemente con eso mi padre –el ogro irascible y temerario– poco a poco se calmaba, poco a poco se desvanecía esa figura a punto de estallar, como esa misma mañana yo había visto que la locomotora de tren, arrolladora, por fin se detenía inofensiva y largaba humo por la nariz. Y hasta medio sonreía porque el café se le había enfriado. Se había quedado quieto, algo avergonzado. Hasta que miró a su izquierda y llamó, mocito, campechano, traeme otro, y en tanto me pregunté allí mismo qué habría pasado aquella primera noche en que se lo llevaron, qué habría sucedido si en lugar de meterme yo dentro de una caja musical cerrada le hubiera agarrado la mano como lo acababa de hacer, y qué habría pasado años después cuando volvieron a llevárselo, en qué otra caja me había metido entonces, sin saber que habría habido alguna manera de evitarlo, y qué habría pasado aquella primera vez en que me llevaron a verlo, en el momento en que como un mecanismo derrumbado mi padre buscó mi mano, qué habría pasado si yo lo hubiese podido sujetar con fuerza, lo hubiese podido hacer poner de pie, en vez de dejarlo allí abandonado. Me lo pregunté mientras él ya pasaba a otra cosa, me preguntaba si yo no quería otro café, y yo asentía, sonreía también, mientras intentaba borrarme la pregunta, cuántas manos cada vez que solo, tan solo, se empezaba a poner así y nadie lo escuchaba, cuántas manos le faltaron, las manos que lo habrían impedido, las manos oportunas que habrían evitado que al fin una persona cualquiera sentada a la mesa de un bar cualquiera hiciera añicos toda su biografía, y la redujese a un par de frases muertas y de libro. Yo no estaba sentada aquella noche frente a un núcleo familiar enfermo, yo estaba sentada frente a un hombre que antes de ser mi padre a los cuarenta y siete años había levantado una y mil veces una ciudad.

Mi padre me señaló el café, se me enfriaba. Y a continuación dijo bueno, pero vamos a dar vuelta la página. Yo dije sí, cruzándome de brazos y estirándome en la silla, estoy de acuerdo en dar una vuelta de página. Mi padre se rió, acababa de decirlo en su mismo tono. Me estás tomando el pelo, dijo, te tengo junada. Yo también te tengo junado, dije, y ahora quiero un whisky. Mi padre alzó las cejas. Un whisky, repitió. Y llamó al mozo y pidió dos whiskys y a continuación, al pasar, mi padre me preguntó en qué me gastaba el dinero. Bueno, dije, el dinero se va. Se va, repitió, se va y no volverá. Exacto, agregué. Mi padre reflexionó. Amagó a decir algo, pero reflexionó nuevamente y me preguntó, respetuoso, sobre algo en que se había quedado pensando, si un punk era lo mismo que un rockero. Era una buena pregunta, en verdad no me era fácil explicar la diferencia. Pero esos pelos verdes parados, eso es punk. Sí, eso significaba punk, a lo que mi padre terciaba que ahora en Rosario, en la esquina de las prostitutas de toda la vida, en Pelegrini y Laprida, había un travesti. Reflexioné un momento y le pregunté a mi padre cómo sabía que era un travesti. Me lo dijo uno, contestó enseguida, pero se rió de costado. Papá, dije titubeando, ¿te pusiste a hablar con un travesti? Mi padre me miró zumbón y desafiante, ¿qué tiene de malo hablar con un travesti? No, en verdad nada, pero yo quería saber cómo y por qué se había puesto a hablar con un travesti. Mi padre se reía, eso, nada, pasaba por ahí y dudé, y le pregunté. ¿Le preguntaste qué? Eso, si era hombre o mujer. Me dio un ataque de risa, al estilo del que me había dado a la mañana con el saludo peronista. Mi padre se reía resignado, era una tontería, al fin y al cabo. Rosario está lleno de degenerados. El mundo está lleno de degenerados, dije y mi padre me puso una cara de que dejara ya mismo de decir pavadas.

Y digo yo, siguió suave y didáctico, qué raro que al final usaste la extensión de la tarjeta de crédito.

Me quedé muda. Digo, siguió mi padre casual, tan respetuoso como para que me diera cuenta de que me estaba tomando el pelo, nunca usaste la extensión de la tarjeta, y me vino de golpe la cuenta de un restaurante. ¿A quién invitaste a comer? A nadie, dije dando un sorbo de whisky. ¿A un novio? A nadie, repetí. A nadie con esa cuenta no puede ser. Es de pescado frito, confesé. Un día me dio un ataque de hambre por la calle. Mi padre me miraba sin entender. Me dio un ataque de hambre, seguí, pero en el restaurante no me vendían una sola bolsa de pescado con tarjeta. Mi padre asentía grave. Me tuve que comprar quince bolsas para llegar al mínimo. Mi padre seguía asintiendo. De repente se detuvo y me preguntó, realmente asustado: ¿te comiste quince bolsas de pescado? No, contesté, me comí una. Bueno, mi padre meneaba la cabeza perdonándome la vida, pero entonces le terminé de confesar toda la verdad. Las otras catorce las vendí. Mi padre ahora se rascaba una oreja, y me temía que eso que acababa de decirle no le terminaba de entrar. Las vendí en la esquina, hice un buen negocio.

Las aletas de la nariz de mi padre empezaron a moverse una y otra vez. Eso significaba que empezaba a rumiar un largo y esmerado discurso, el cual abarcaría mi vida privada y laboral, mi vestimenta y mi lenguaje, mis objetivos a corto y largo plazo, por lo cual de repente me incorporé, me terminé el whisky, le dije a mi padre que quería otro café, apoyé los codos en la mesa y dije algo como que las cosas no marchaban, que no sabía bien por qué no marchaban, pero que iban a marchar. Mi padre asintió. Yo a mi vez no tenía ninguna idea de qué quería decir yo con eso de las cosas, y que marcharan, pienso que mi padre menos, pero sin embargo iba notando en mí un incorporarme, un hablar, un gesticular que no me conocía. Vinieron los dos cafés, en tanto la conversación avanzaba rápida y fluida, mi padre opinaba que no necesariamente tenía yo que volverme comerciante, pero que tampoco había estado mal cuando era administrativa. No, admitía yo, a la vez que tomaba en cuenta que desde que recordaba no había hablado así con nadie. Me sentía una persona con ideas propias, capaz de expresarlas, de discutirlas con alguien. Tal vez el tonto de Edgard había tenido razón cuando hablaba de aquello de la energía contenida, y allí sentada frente a mi padre, que ahora me decía que no fumara tanto, que me señalaba que acababa de apagar un cigarrillo y ahora estaba encendiendo otro, seguía adelante con una conversación que, curiosamente, no puedo recordar, en cambio sí sigue presente en mi memoria aquella disposición, aquel espíritu decidido, aquel replicar al instante al punto de que mi padre largaba algún «que la tiró de las patas» y reía, y yo reía también no sé de qué, no lo recuerdo, supongo que porque ni estas ni aquellas palabras están destinadas a perdurar, como sí perduran los sacapuntas antiguos, las cajas de música, las cosas, las cosas que todavía me quedan de mi padre. Yo hablaba, eso lo sé, él contestaba, seguíamos adelante con posibles proyectos. Yo tenía proyectos aquella noche, inquietudes, intereses claros, reales. Y también tenía disgustos, tantas cosas que no me gustaban, no me gustaba la gente que hablaba por hablar, le pregunté a mi padre si se había fijado en toda la gente que hablaba por hablar. Claro, dijo él, hablar al pedo, sí, al pedo, y la gente que se mete en donde no les importa. Como mi portera. Mi portera, papá, ¿por qué tiene que meterse en mi casa? Mi padre argumentaba que lo hacía por mi bien. Bueno, tal vez él tendría razón, y sin duda tendría razón en algunas otras cosas que ahora no recuerdo, porque de todos aquellos proyectos, ideas y opiniones tal vez no me quede nada. Sin embargo allí seguíamos, mi padre tenía razón al decirme que era importante que me vistiera como una señorita, y era cierto que él, hiciera lo que hiciera, me iba a ayudar, tal vez un pequeño negocio, tal vez empezar con algo.

Y entonces sucedió.

Mi padre se agachó a recoger el encendedor, que yo en mi gesticular acababa de tirar al suelo. Me volví a mi derecha y de repente lo vi. Era él. Era el mismo. Como en aquel viaje primero a Buenos Aires, como aquella llegada en un tren en la bruma. Estaba sentado allí, nos había estado observando todo el tiempo, y era el mismo hombre más viejo. Tenía que ser él, aquel pretendiente de mi madre, aquel que desplegaba su servilleta y afirmaba «el mundo es un pañuelo, señora mía». Sí, lo era, y si no lo era daba igual, porque lo que yo estaba viendo era a ese espectador distante e irónico, y malicioso, que se mantenía fijo desde aquel tiempo, esperándonos, mirándonos nuevamente, tal vez nunca había dejado de mirarnos. Amable, risueño, distante, en el fondo detestable.

Allí estaba otra vez. Era ese hombre estilizado, ahora más delgado y quebradizo dentro de su traje impecable, mirándome fijamente con sus ojos azules. Un hombre que a diferencia de mi padre doblaba meticuloso su servilleta, un hombre que sin duda leería cada mañana *Ámbito Financiero,* un hombre que cenaba allí, solo, y nos miraba con sorna y tranquilidad. Ese hombre fue la señal.

La señal del enemigo, la mirada de ese hombre distante me empezó a hacer sonar cabalgaduras lejanas. Y entonces, como el mal presagio, dentro de nuestra propia ciudad, mía y de mi padre, de nuestra ciudad amurallada, se acercaban sonidos lejanos, el anuncio del invasor, ni más ni menos la realidad, que tendría forma de una figura extraña y débil camino de un negocio en donde vendían sacapuntas antiguos. Y aunque no sabía de esa mi figura, todo allí empezaron a ser preguntas. ¿Por qué brillaban los ojos de mi padre? Por qué mi padre parecía estar orgulloso de mí. Y por qué mi padre tenía esperanzas no sólo en el mío, también en su porvenir. Qué estaba planeando mi padre, desde ese Buenos Aires de los años ochenta, en donde se analizaban todas las futuras catástrofes, y por eso hombres como ese hombre que nos observaba trataban de asegurarse, al menos, una vejez sin sobresaltos, un final en el que al menos conservarían lo que habían ganado, antes de la decadencia, antes del pálido espectro de una época de oro que mi padre había conocido y que no vería regresar.

Y así como ese hombre que sonreía irónico tal vez cotizaba en la bolsa, tal vez también controlaba sus propiedades. Mi padre en cambio se empeñaba en planificar en un Buenos Aires de las mejores películas de Pepe Arias, de los Ford 46 que conducían niños bien engominados, o desde aquel Rosario que él había llegado a levantar a los trece años, cuna de la mafia, antro de piringundines y cafishios, el Rosario que se anunciaba como un coloso de proporciones yanquis. Allí había empezado a levantar mi padre y ahora frente a mí yo sabía que él tenía ese derecho, tenía derecho a levantar, aunque ya no fueran los treinta, ni los cuarenta, aunque él ya no pudiera bromear con el regreso de Perón, y en cambio bromeara con que el hombre volvió y nos recagó a todos. Pero de todas maneras ahora mi padre quería y aspiraba a salir a flote, a pesar de tantos y tanto peores militares, con los que algunos hombres de la edad de mi padre se habían enriquecido, tal vez también ese hombre que nos miraba. Pero no mi padre, que llegaba a su vejez y apostaba por su vejez, y por mi alarmante por prolongada adolescencia andrógina.

Y todo sucedió allí, todo lo vi allí, aunque después me empeñara en no verlo más, en no saber más. Mi padre pagó la cuenta, nos pusimos de pie, miré rápidamente a ese hombre y supe que ni mi padre ni yo éramos personas normales. Algo raro sucedería, algo, no sólo para mi padre, también para mí. Después de este tiempo fugaz de apogeo vendría otro de caída, nuevas ciudades invadirían esta ciudad perfecta y brillante, y vendría una ciudad irremediable. No sería ninguna de las que habíamos conocido, ninguna con las que habíamos soñado. Sería en cambio, y al fin, mucho más que la ciudad de Abelito, mucho más desconocida, sería en cambio y al fin, con un pequeño paquete embalado camino del correo, una ciudad ni siquiera vista, lo que se puede tener como noticia de una ciudad si se vive dentro de una caja, la impresión imaginada de lo que puede haber del otro lado de las paredes de una caja, lo que podría imaginar mi padre cuando yo misma lo llevara a que lo encerraran en una caja, en un rincón oculto, en una tierra de nadie. No sé describirla, no sé describirme en esa ciudad en donde sólo me aventuraba a un negocio oscuro, en una tierra de nadie, y le compraba y le enviaba a mi padre un sacapuntas antiguo. Tampoco mi padre sabría describirla, tampoco él sabía qué cosa era esa ciudad.

En aquel último viaje de mi padre a Buenos Aires, antes de que se fundiera y terminara para siempre su negocio de neumáticos, antes de que decidiera divorciarse de mi madre después de cuarenta años de casados, antes de que se cansara una y otra vez de despotricar contra la rama andaluza, antes de que clamase por volver a su colonia judía, antes de que se cayera al suelo, trastabillara, volviera a ser ingresado, volviera a salir, volviera a ser ingresado, solo, descompensado, derrotado y optimista, antes de que el doctor Glinstein exclamara, rendido, qué maníaco ni nada, es el carácter que tiene y yo no puedo más, antes de que mi madre sólo pensara en matarse, antes de que yo empezara por fin a entender a mi madre, y ya no la juzgara, antes de sentir, caminando por aquel jardín, sobre el mismo sendero que había dejado Abelito, que yo no sería nunca capaz de nada, absolutamente de nada, antes de todo eso que sucedió en una ciudad de la que no sé su nombre, salí de ese restaurante con la frente alta, mi mano en el hombro de mi padre. Qué mira ese boludo, dije refiriéndome a ese hombre sentado. Shhhh, dijo mi padre, no digas palabrotas. Estás muy boca sucia, eso no puede ser. Bueno, papá, repliqué, ya los dos a punto de marcharnos. Nos dimos la mano con el *maître*, el mozo, el ayudante, el cocinero y el asador. Mi padre dijo la molleja, excelente, luego salimos, tuve que decir papá no te suenes la nariz que nos están mirando y volvimos lentos, elegantes.

Y mi padre subió a dormir. Lo miré, me lo quedé mirando tras las rejas del ascensor, como lo había mirado alguna vez allí mismo, del otro lado. Pero ahora él sonreía, cansado, se quería ir a dormir. Hoy no estoy para juerga, había dicho. Mi padre apretó el botón de su piso, empezó a ascender, y fue la voz del conserje la que me trajo a la realidad.

Es todo un señor su padre, todo un señor.

A la mañana siguiente lo acompañé a la estación. Esperé a que subiera y me quedé frente a él en el andén. Nos quedamos los dos mirándonos. Mi padre con un pie en el escalón, temerario, yo pidiéndole que por favor subiera bien, que iba a caerse. Mi padre sonriendo, y el tiempo se hacía eterno allí, y mi padre no perdía su sonrisa tenaz, antes de que sonara el pitido, antes de que el tren comenzara a andar.

Y el silbato de ese tren que ya no existe sonó, y entonces quise decir algo y no pude. No supe. No salía una sola de las palabras que tenía que haber dicho allí mismo, mirándonos mi padre y yo, desvalidos y separados.

Cuidado, mucho cuidado, algo malo nos va a pasar, tuve que haber dicho. Algo muy malo. No supe dejarlo todo, y subirme allí mismo a ese tren y volver con él, porque todo hasta ese momento en mi vida había sido una nada, porque no tenía la menor idea, la menor idea de por qué había llegado hasta allí. No supe más que quedarme mirándolo, sonriente, asustada. No me dejes, no te vayas, tuve que haber dicho. Pero el tren se alejó, envuelto en brumas, hasta que se hizo pequeño, se hizo un punto y luego nada.

En aquel entonces mi padre fue un soñador, tan sólo eso soy.

La radio acaba de decir las cinco de la mañana.

¿Existen, existe ese mecanismo distinto de todos los otros? O es un absurdo, un invento de la imaginación infantil. O alguna vez un inventor aficionado –un loco imaginativo como el arquitecto que construyó nuestra casa–, aburrido, jugando con una vieja caja musical, abrió el mecanismo, dio cuerda una vez y otra vez, hasta que se cansó de ver pasar el rodillo, de ver repetirse siempre el mismo recorrido, los mismos dientes pellizcando las mismas teclas metálicas. Un camino reiterado, siempre el mismo, como el del primo Abelito uno y cada uno de todos los días de sus veinticuatro años.

Entonces el loco aburrido, el arquitecto disparatado, dibujó en un papel otro modo de sonar, otro recorrido: dibujó primero una escala.

Lo hizo en forma lineal, como las teclas de un piano, como las escalas que se escriben en el cuaderno de la escuela, como las teclas en línea horizontal de un xilofón de madera. Y dibujó a un costado un par de palillos, con extremos metálicos.

Era el dibujo de un xilofón en miniatura, no estaba mal, pero tampoco lo conformaba.

Entonces hizo algo mucho más complicado. Inútilmente complicado, como inútilmente complicado era bajar un escalón pronunciado y filoso, para poner los pies en un jardín de piedras desiguales, puntiagudas, una playa furibunda por la que había que andar con ojo atento, mirando el terreno antes de apoyar el próximo pie, o en su defecto, desarrollar una habilidad de la memoria, saber con los años en dónde se tenía que poner el pie en cada paso, saberlo a fuerza de pasar por allí corriendo a buscar los juguetes, a buscar libros, o a fuerza de pasar por allí sosteniendo una bandeja con un chorizo, una morcilla, una tira de asado más cocida, que rato antes había pasado un poco cruda.

Mientras tanto, la memoria de los pies iba haciendo su trabajo, cada pie al fin sabía dónde tenía que caer, desde el escalón filoso a la piedra desigual, y luego los escalones de piedra también irregular, hasta entrar al cuarto de juguetes, el cuarto de estudio, el cuarto abandonado. Y como esos pies, como esos pies el arquitecto disparatado, el inventor aficionado, como esos pies quiso que fueran los palillos de su xilofón. De modo que tachó en el papel la escala musical lineal, el do, re, mi... de derecha a izquierda, y en lugar de eso dibujó una escala loca, un pequeño plano romboidal, en donde el do fue a parar entre el sol y el mi, y en diagonal, más arriba, un fa, y hacia abajo un re. Pequeñas teclas puestas allí de cualquier manera, como si alguien –el constructor del jardín de piedras– hubiera cubierto una superficie de cemento, y a continuación hubiera tirado desde lo alto todas las pequeñas teclas –las piedras–, todas precipitándose en picado, acomodándose como fuera de una sola vez.

Y así tendrían que ser los palillos de su xilofón, unos palillos que, cada vez, accionados por la cuerda, sabrían a ciegas en qué tecla perdida deberían golpear, tecla tras tecla, buscando la nota cada vez, como si cada vez se improvisara la misma melodía, cada vez como la primera vez, el instante de vértigo antes de poner el pie, antes de golpear un do perdido entre notas desordenadas, sin saber si esta vez sería el do, sin saber si en este golpear imprevisible saldría una vez más la melodía, o en su lugar una disonancia loca, como loco estaba el teclado romboidal, como loco el inventor que un día diseñó un xilofón atravesado, o un jardín de piedras, arquitecto de genio o de desastre, que alguna vez diseñó una casa de melodías atravesadas, la eterna melodía, que a todas partes me acompaña.

¿Existe; existirá en algún lado una caja vieja, con ese mecanismo oculto, inútil, pero único, el único, el que estoy buscando desde hace tantos años?

Y habré, ahora mismo, ahora, viendo que una zona de luz se insinúa en la ventana cerrada, habré tocado al fin la melodía, habré conseguido al fin tirar abajo la muralla de silencio, piedra sobre piedra, carta sobre carta.

La prima Bibi ya no tiene ataques de impotencia y dolor. Aunque en su última carta me cuenta que tuvo que romper una puerta de su consultorio a escobazos hasta abrir un boquete, porque se había quedado encerrada. Tiene dos hijos, está casada con un director de teatro y suele participar en sus espectáculos.

La tía Pepa murió poco después de que yo me fuera nuevamente, esta vez de todas y cada una de mis ciudades inventadas y reales. Cuando fui a despedirme no tuvo fuerzas para salir de la cama. Me deseó «toda la suerte del mundo», como me lo había deseado la primera vez, al irme de Rosario.

Antes que ella, murió la tía Antonia. Fue del corazón, después de cruzar una calle.

En cuanto a mi portera, al fin y en su día cumplí con lo que ella tanto había insistido.

Una mañana me vio regresar con un bolso de viaje al hombro, y una bolsa de sacapuntas y cajas de música. Entré en mi casa, y al momento me vio salir con bolsas de basura, una vez, otra vez. Todos mis papeles, todos y cada uno de mis papeles en donde había copiado los párrafos que sin embargo no se han ido del todo de mi memoria después de tantos años. Y cartas, y todo aquello que andaba por el suelo, incluida mi pesa plancha. Limpié, ordené, y al fin mi portera, acercándose temerosa, me vio contemplando una casa con la ventana abierta, una casa que ahora parecía una película velada y muerta, una caja de música destripada y fría. Porque no quedaba allí una sola señal de quien había sido su habitante. Era en verdad, más que una casa, una caja cuadrada, una mesa, una cama y una radio.

En cajas cuadradas como ésas había terminado mi padre.

A continuación, quité los precintos del armario, abrí las puertas y entonces, pasando el trapo allí dentro una y otra vez, y otra vez, cuando llegué al techo lo descubrí, lo recordé. Me subí a una silla, abrí las dos puertas de arriba y estaba allí. Seguía siendo roja, pero el cartón no era tan duro, estaba húmedo, enmohecido, descolorido en algunas partes por la humedad.

La saqué de allí arriba, la sostuve en mis manos y volví a mirar mi casa por última vez, la que ya no sería mi casa de las largas noches con la radio encendida copiando párrafos, porque la había perdido, como acababa de perder a mi padre, la casa en donde habían transcurrido los años en teoría más importantes, los años de definición, los años de las conquistas definitivas. Pero no había sido así, como mi padre había perdido y perdido hasta morir, yo no había hecho otra cosa allí dentro que perder y perder hasta no tener nada más que una maleta roja, carcomida por la humedad. Sin embargo, aquélla fue mi casa, y aunque todo lo que sucedió allí no fue nada, nada más que nada, tampoco lo que sucedió después fue mejor. Por tanto siempre defenderé aquella casa, siempre defenderé mis años más necios, siempre defenderé ese derecho, terco y estrábico, mi derecho a soñar.

Eso es todo en cuanto a mí.

Tal vez decir que, al fin haciéndole caso a mi padre, escribo cartas entretenidas a mi madre.

Tal vez decir también que ahora viene un poco más de luz azul por la ventana. Que si miro hacia afuera, la calle Princesa es a esta hora todavía una calle de cuento, de un color negro azulado, todavía –no ya dentro de un rato–, es una calle solitaria, apenas transitada por alguien que corre a toda prisa para llegar a tiempo al turno de la mañana.

Princesa, la calle de la Princesa, la calle en donde Onofre Bouvila anduvo contrariado, solo, tan solo, antes de levantar esta ciudad. Y del otro lado, a pocas calles, todavía duerme esa ciudad que supo ser –como lo fue Rosario– hormiguero de cabarets, prostíbulos, dentro de una ciudad que ha sido miles de ciudades, desde la primera ciudad amurallada, y una y otra y tantas veces se ha derrumbado y se ha levantado.

Vivo en una ciudad enorme y pequeña, envuelta en brumas, una ciudad que es mil ciudades. Es extraña, es muy extraña.

Son las cinco y cuarto de la mañana, lo dice la radio.

No tenía ningún bolso como la gente, de modo que metí las tres o cuatro cosas que se me ocurrió llevar en una bolsa impresentable, que había sido mi bolsa de gimnasia en el secundario.

Mi madre no tuvo fuerzas para salir a despedirme a la puerta, estaba medio derrumbada en la silla, tal vez a punto de desmayarse. La tía Antonia se secó una lágrima y me dio un paquete de caramelos. La tía Pepa me deseó toda la suerte del mundo y la prima Bibi me abrió la puerta del garaje.

Salí, con la bolsa al hombro, y antes de cruzar vi a Samuel Cohen bajando de su coche. Nos miramos, como nos habíamos mirado siempre, desde lejos, pero esta vez fue más largo, esta vez sus ojos a lo lejos me parecieron brillantes, expresivos. Y pensé con rubor que justo ahora que me iba parecía que por primera vez íbamos a decirnos algo, íbamos a acercanos. Seguí andando, mientras él me miraba alejarme; parecía asombrado, confuso, a punto de algo que ya era tarde.

Anduve por Ituzango, hasta que llegué al negocio de mi padre. Estaba parado en la puerta mirándome, no a mí, sino al bolso que traía colgando.

A continuación hizo una seña corta y enérgica, entramos los dos al negocio, fuimos hasta el taller y, entre un montón de bártulos desordenados, extrajo una maleta, la enorme maleta roja, de cartón duro.

Volvimos con semejante maleta a la oficina. No me atrevía a decirle que no, que me negaba a irme con ese mamotreto provinciano, que me daba vergüenza. Me vino a la mente aquel viejo discurso inconcluso de mi padre, en aquella Nochebuena, cuando se desmayó mi madre. «Dijo Dios a Abraham, vete de tu tierra...». Pensé con sorna que si Dios lo hubiese visto con esa maleta lo hubiera mandado a que se quedara en casa haciendo calceta para el resto de su vida.

Mi padre la puso sobre el mostrador, la abrió, y metió el bolso agujereado, perdido allí dentro. Luego bajó la tapa, intentó cerrarla, pero los cierres metálicos no encajaban. Mi padre resopló por la nariz, yo intenté ayudarlo, porque al fin y al cabo era yo la que había provocado todo esto, la que había provocado que estuviésemos ahí. Forcejeamos con los cierres, mi padre murmuró algo y decidí apartarme para no irritarlo.

Fue cuando de pie, esperando detrás de él, noté algo que no había advertido hasta ese momento. En verdad, estaba viendo lo que había visto hasta cansarme: mi padre de espaldas. Su espalda fuerte, su nuca corta, sus orejas salidas. Y era en efecto lo mismo, esa misma vitalidad, esa fuerza, ésa que se dibujaba perfecta desde el asiento trasero en el coche, o desde las torres de neumáticos. Sólo que había algo, algo quizás un poco vencido, una ligera inclinación de los hombros, algo, algo que ahora por detrás, por la espalda, en ese momento de pie detrás de él, por los hombros caídos o cansados, por el forcejeo con la maleta, o por el abatimiento y el desgaste –porque al fin se daba por vencido, era cierto, yo me iba–, algo allí disminuía, algo allí a mi padre lo delataba.

Pero entonces mi padre se volvió, con el cigarrillo colgando de costado: fue un giro impresionante, una estampa, un viraje decisivo hacia el actor de carácter, el que sabe que se trata sólo de eso, con un tres cuartos de perfil, mudo, cigarrillo colgando.

Sin un solo gesto, agarró la maleta por el asa, la retiró del mostrador y maleta en mano me miró. Fue un momento. Enseguida dije algo de meterla en el coche, de abrir al baúl. Mi padre no contestó. Se palpó el bolsillo buscando sus llaves –hizo un gesto contenido, una contrariedad, las llaves del Fairlaine las debería tener en el escritorio–, y volvió a mirarme, a la vez que me extendía, con brazo firme, macizo, amenazante, la enorme maleta cuadrada que no cargaba casi nada.

Y fue en ese instante, en ese mismo instante, una tarde de otoño a los dieciocho años, en que tuve –entre tanta poca idea de nada– una vaga idea de decisión, de final y de muerte, una sola idea que pudo haberlo definido todo de una sola manera: quedarme allí, quedarme allí. Deshacer la maleta, regresar con el bolso a casa, decir que todo no había sido más que una broma, una bravuconada, para qué quería yo irme a Buenos Aires, y empezar a vivir lo que me esperaba de vida sin irme de allí.

En ese instante, sin embargo, frente a la estampa de mi padre –mirándome en silencio, desafiante, la suerte estaba echada, eso me estaba diciendo mi padre o eso malentendí aquella tarde de mi padre, yo tenía que irme, él había comprendido algo que yo aun no podía adivinar–, todo se definió de otra manera, un solo instante eterno, que no pudo durar más que unos segundos, y en el que se decidió toda mi vida. Mi padre extendiéndome la maleta cuadrada, mi mano que se acerca lenta, indecisa, hasta que llega por fin a esa maleta.

Y cuando la tuve, cuando sentí su peso en mi brazo, vi por un segundo lo que sucedía, vi cómo mi padre, alejándose hasta el escritorio, era otra vez pequeño –esa espalda delatora–, más pequeño, y vi que con mi maleta casi vacía a cuestas, al mismo tiempo, sin decir una sola palabra, mi padre acababa de entregarme un legado, una herencia, un destino.

Podía decidir entre salir de allí, de esa escena eterna, como eterno era el tiempo dentro de una caja de música, como sordo era el tiempo sin suelo entre dos vagones de tren, o quedarme allí para siempre. Podía decidir, o ya no había decisión posible, porque mi padre –el que se quedaba– se hacía pequeño, ya se convertía en el pasado, en tanto que yo misma todavía no era el futuro, el futuro todavía, en ese instante entre dos vagones de tren sin tiempo y sin espacio, sin atrás ni adelante, no había tenido lugar. Yo era nada, era nada, y eso lo sabía sin duda mi padre, que también se había hecho de la nada, y que sin una sola palabra me transmitió de una sola vez la herencia, el legado, el destino: Vete.

Vete de tu tierra y de la casa de tu padre a la tierra que te mostraré.

Vete, porque ya no hay ciudad alguna en esta ciudad, porque conmigo se termina esta ciudad y así te digo, aquí no quedará nadie. Vete, y de aquí en adelante todo lo que harás será levantar ciudades.

Pero tendrás que levantarlas de la nada.

Todo lo que harás, a partir de este momento, será quemar todas tus ciudades.

Primero quemarás una ciudad de cúpulas doradas, una ciudad de muertos que no sirve para nada, son todas fanfarronadas. Y luego de eso, aunque te duela, tendrás que quemar una ciudad negra y polvorienta, de edificios desiguales. Será muy fácil, siempre te he dicho que era una ciudad muy inflamable. Y también quemarás una ciudad vertiginosa, la que veías desde mi coche a toda velocidad, la que veías en esas noches en que yo la relataba, las ciudades pasadas, las glorias pasadas de proporciones yanquis, las que encubrían esta otra que también quemarás, esta ciudad chata y cuadriculada, esta ciudad que irás recordando cada vez más pequeña, cada vez más plana, y entonces, a la vez, irás levantando esa otra ciudad nebulosa, ésa que viste por primera vez en un viaje en tren en brumas, ésa que en verdad no viste, o viste sólo en manchas de colores, nada de contornos, nada de perfiles, nada claro, nada nítido, sólo fantasmas.

A esa ciudad vas, a esa ciudad, la de Nélida Roca y Nélida Lobato, esa ciudad de luminarias, ésa por la que yo también entraba y salía a mis anchas, ésa que –aunque pasen los años– nunca dejará de ser aquélla, tal cual, tal cual la viste una vez cuando bajaste de un tren, y anduviste entre la bruma. Una ciudad nubosa, una ciudad indescifrable, que te rodeará de fantasmas.

Y te encontrarás una y otra vez en el inicio del trayecto, siempre pisando un mismo camino, haciendo un sendero tan repetido como el del tu primo Abelito, envuelta en niebla, y tal vez para siempre envuelta en niebla, porque en esa ciudad nunca serás nada, nunca tendrás recuerdos, nunca tendrás historia, no querrás acordarte de tu ciudad anterior, tan plana, tan chata, tan cuadriculada. Y tampoco querrás acordarte de mí, no querrás mencionarme, ni mencionar a tu madre, ni decirle a nadie que nosotros hemos sido extraños, estrafalarios, locos, no querrás confiarles nada a todas esas nadas, a todas esas manchas fantasmales que te irás cruzando por la calle.

Y me consta, lo sé, claro que lo sé, sé de esas malditas ciudades, en donde un día se tiene todo de una vez y se lo pierde todo en la banca, y una vez y otra vez creerás tenerlo todo, y de inmediato te quedarás sin nada, como sin nada me he quedado yo, ya ves, que quise serlo todo, haciéndome de la nada, creyéndome que era mi propio artífice, mi padre y mi hijo, porque alguna vez arrastré por el medio de una calle un neumático.

Pero no te preocupes, lo tuve todo y lo perdí todo porque siempre fui un insurrecto, un intransigente, un extremista y un ingenuo. Vine sin nada y me voy sin nada, no tengo ciudad alguna, ésta es mi herencia, éste es mi legado: nada. Pero ya ves, te señalo, te indico, te ordeno, que hagas lo que hice yo, aunque al fin te quedarás sin nada, porque ésta es mi herencia, éste es mi legado: nada.

Y sólo entonces, cuando recibas esa nada, cuando te entiendas y te veas como nada, sólo entonces, cuando yo mismo, cuando yo ya no esté aquí para ayudarte –que habré castigado a todos los que me engañaron, que lo habré destruido todo sobre la faz de la tierra, como Jehová lo destruyó todo abriendo las puertas de los cielos, precipitando el Diluvio, en castigo por tanta mentira y tanta violencia–, entonces, será entonces, con todas tus ciudades quemadas, en medio de la nada, que estoy seguro de que sucederá.

Cuando de verdad –ya no en tu silencio y tu sordera, tu caja musical cerrada con la que intentabas borrarme, cuando no leías mis cartas, no hablabas de mí, cuando no tenías historia pasada–, cuando de verdad yo ya no esté aquí para cerrarte una maleta, ni quitarte el polvo del abrigo ni vigilarte el brillo de los zapatos, cuando ya no te quede otra cosa que entrar en mi casa por la noche, como un detective o un ladrón que no sabe qué busca en la oscuridad, y cuando salgas de allí con un botín desordenado de sacapuntas y cajas de música, cuando entiendas que nosotros no hemos sido locos, estrafalarios o extraños, o en todo caso no más locos o estrafalarios o extraños que todos los fantasmas con los que te has cruzado en todas tus ciudades quemadas, entonces sucederá, tarde o temprano sucederá:

Dejarás de estar quieta y sorda, dejarás de darnos la espalda. En lugar de eso, te pondrás de pie y te volverás –sin miedo, sin miedo, no te convertirás en estatua de sal–, sin miedo, con la naturalidad con que levantabas las tapas de mis cajas de música, con la facilidad con la que entrecerrabas los ojos a una ciudad de sueños y de muertos, con el espíritu aventurero con que te ocultabas en una ciudad de torres de caucho y así, todas superpuestas y nítidas, una tras otra, levantándose de la nada, todas tus ciudades quemadas serán una sola, y así toda ella será, y así la verás.

Frente a tus ojos, esperándote. Y esta vez llegarás allí a levantar desde la nada, realmente de la absoluta nada que te habré dejado yo, que lo habré destruido todo, como Jehová lo destruyó todo pero que a ti, pasajera en las brumas de Noé, a tí no te salvó –que pelotudez, de que núcleo familar enfermo me hablan–, a vos te tiene junada, con esta enorme maleta cuadrada. Como el instante anterior a hacerse la luz, para dar a luz, como el instante en que alguien acciona una cuerda, levanta una tapa y el mecanismo empieza a rodar. Como de la nada un punto, que se hace más grande, y se vuelve una locomotora de tren. El instante impensable: de nada todo puede crearse.

Y te irás a vivir allí, estarás allí, caminarás por las mismas calles que caminé yo, subirás y bajarás a toda velocidad, como bajábamos hace tantos años hasta ver a lo lejos una ciudad rutilante. Y entenderás mi alegría entrando en los bares, hablando en rosarino con acento americano, saludándome con todos los que conocí, con todos los que me entendí, con todos los que me peleé, en una ciudad que levanté yo mismo de la nada, aunque ya se acabe, aunque yo lo pierda todo, aunque me muera solo.

Y entenderás por fin el apogeo y la caída, el principio, el nudo y el desenlace.

Habrás dejado de ser mi hija, y como yo serás tu propio padre y tu propia hija, como la Pachamama fue su propia madre y su propia hija, y ya no serás hija de nadie, porque en adelante sólo podrás ser padre y tener hijos, muchos hijos, como tantos hijos he tenido yo, todos fueron mis hijos, a todos he absuelto, a todos he perdonado.

Porque ya te has vuelto, ya has visto cómo se erigían, supuerpuestas y brillantes, todas tus ciudades anteriores, todas y cada una de tus ciudades quemadas que ahora son tuyas, definitivamente tuyas, porque tuyo es el reino de esta tierra, porque tuya es la imagen para siempre de tus tías cosiendo un conejo a máquina, y la foto para siempre del casamiento de tus padres, el cuello de mi camisa arrugado, tuyas todas aquellas imágenes que veías borrosas, sin contornos, y que al fin dejan de ser sombras y se perfilan cada vez más nítidas en todos tus paisajes. Tus recuerdos ya no son manchas, son en cambio figuras reales que siguen hablándote.

Entonces sí, sólo te pido que de tanto en tanto, con esa mirada que ve y no ve, con ese ojo estrábico que parece distraído, te pido que en tu propio laberinto de tu propia ciudad, en algún rincón de todas esas calles, que me reconozcas, que me rescates.

No quiero que cuentes mis cabronadas, no quiero que hables de lo malo y forajido que fui con tu madre, tampoco me importa que digas cuánto dinero tuve y cuánto dinero perdí. En cambio, quiero que hagas lo mismo que has hecho siempre, quiero que observes de ese mismo modo esquivo que me observabas cuando yo estaba en uno de mis bares, y en uno de tus bares te descubras un cigarrillo colgando de costado, o como en la madrugada me quedaba yo, te quedes también a solas, en el silencio de la madrugada, la radio encendida, hablando sola, dándole vueltas a las cosas y así, por esos detalles que sólo le importaron a tus ojos, te pido que sí, que des un respingo como daba yo, o guiñes un ojo como lo guiñaba yo, y si es posible, con aire de compadrito y a la vez casual, que lo digas, que digas lo que alguna vez tras las rejas de un ascensor quisiste gritarle a una mujer de sombrero absurdo, pero por miedo y por vergüenza te callaste: ése es mi padre.

Las seis de la mañana en Barcelona. Acaba de decirlo la radio.